AF269810

Las Siete Leyes Espirituales para padres

Deepak Chopra

Las Siete Leyes Espirituales para padres

Cómo guiar a tus hijos
hacia el éxito
y la realización

EDICIONES OBELISCO

Si este libro le ha interesado y desea que le mantengamos informado
de nuestras publicaciones, escríbanos indicándonos qué temas son de su interés
(Astrología, Autoayuda, Ciencias Ocultas, Artes Marciales, Naturismo,
Espiritualidad, Tradición…) y gustosamente le complaceremos.

Puede consultar nuestro catálogo en www.edicionesobelisco.com

Colección Espiritual y Vida interior
Las Siete Leyes Espirituales para padres
Deepak Chopra

1.ª edición: marzo de 2022

Título original: *The Seven Spiritual Laws for Parents*

Traducción: *Verónica D'Ornellas*
Corrección: *M.ª Jesús Rodríguez*
Diseño de cubierta: *TsEdi, Teleservicios Editoriales, S. L.*

© 1997, Deepak Chopra
Edición publicada por acuerdo con Harmony Books,
sello editorial de Random House, una división de Penguin Random House, LLC.
(Reservados todos los derechos)
© 2021, Ediciones Obelisco, S. L.
(Reservados los derechos para la presente edición)

Edita: Ediciones Obelisco S. L.
Collita, 23-25. Pol. Ind. Molí de la Bastida
08191 Rubí -Barcelona - España
Tel. 93 309 85 25
E-mail: info@edicionesobelisco.com

ISBN: 978-84-9111-826-8
Depósito Legal: B-3.397-2022

Printed in Spain

Impreso en España en los talleres gráficos de Romanyà/Valls S. A.
Verdaguer, 1 - 08786 Capellades (Barcelona)

Introducción

Cuando se publicó mi libro *Las Siete Leyes Espirituales del Éxito*, la respuesta fue inmediata y muy hermosa: miles de personas que habían leído el libro comenzaron a practicar en sus vidas cotidianas los principios que la Naturaleza utiliza para crear todas las cosas en la existencia material.

Con el tiempo, recibí peticiones de muchas de esas personas que también resultaron ser padres o madres. Sus peticiones adoptaron muchas formas, pero trataban sobre un solo tema: «Aunque vivir estas leyes espirituales ha sido sumamente beneficioso para mí, me hubiera gustado haberlas aprendido mucho años atrás. Ahora me parece evidente el valor de principios como dar, no tener resistencia y confiar en que el Universo hará realidad mis deseos, pero inicialmente no me lo pareció. Me costó mucho eliminar los hábitos destructivos con los que crecí. Como padre, no quiero que mis hijos aprendan esos mismos malos hábitos y más adelante experimenten el mismo dolor que resulta de tener que cambiar. ¿Cómo puedo asegurarme de que eso no ocurra?».

Escribí este nuevo libro para responder a esas peticiones, extendiendo *Las Siete Leyes Espirituales* específicamente para los padres. El presente libro enseñará a cualquiera que desee interpretar las leyes espirituales para los niños cómo hacerlo en términos que un niño pueda entender y aplicar. Mi planteamiento se basa en la creencia de que todos los padres y las madres necesitan herramientas para criar a sus hijos con una verdadera comprensión de cómo funcionan la Naturaleza y la conciencia.

Todas las personas en el mundo quieren algo; todas tienen deseos. Los niños necesitan saber, desde el principio, que el deseo es el impulso más básico en la naturaleza humana. Es la energía del espíritu. Cuando nos hacemos adultos y buscamos respuestas a las preguntas profundas, o tratamos de resolver problemas sumamente difíciles en nuestras vidas personales, estamos trabajando con el mismo deseo natural que hacía que fuéramos curiosos cuando éramos unos niños, ni más ni menos. El buscador es el niño que ha pasado de necesitar el amor de sus padres a necesitar el amor de Dios, de querer poseer juguetes a querer tener una creatividad infinita. En este libro intentaré enseñar a los padres cómo sus hijos pueden cumplir sus sueños y lograr lo que desean en la vida. Y me esforzaré por explicar los conceptos espirituales de manera que hasta un niño pueda entenderlos. Pero éste no es simplemente un libro dirigido a los niños, ya que éstos lo que necesitan saber es sólo una forma modificada de lo que los adultos también necesitan saber.

La sociedad, con su adoración por el éxito material, no ha comprendido una profunda verdad: el éxito depende de quién eres, no de lo que haces. El Ser o la esencia o el espíritu (llámalo como quieras) se encuentra en el origen de cualquier logro que se consigue en la vida. Pero el Ser es sumamente abstracto y, por lo tanto, la gente lo concibe más como una idea que como algo real y útil. Sin embargo, si examinamos las tradiciones más antiguas de la sabiduría humana, encontramos ciertos principios fijos, conocibles y fiables a partir de los cuales el espíritu se desarrolla desde el Ser eterno hasta la vida cotidiana.

Es posible que algunas personas tengan dificultades para comprender por qué las leyes espirituales pueden ser tan valiosas en la vida cotidiana y, sin embargo, han estado ocultas durante tantos siglos. Por analogía, la mayor parte de los seres humanos no conocieron la electricidad hasta que se inventó la bombilla, a pesar de que la energía eléctrica ha impregnado todo el Universo desde el inicio de la creación. El Ser o el espíritu o la esencia también es invisible y, sin embargo, afecta de una forma muy considerable a la vida cotidiana. La inteligencia invisible que está detrás del Universo visible opera a través de las Siete Leyes Espirituales. Una vez más, por analogía, si las leyes de la electricidad no hubiesen sido descubiertas, nunca hubiéramos dispuesto de las aplicaciones prácticas de la.

Ahora más que nunca, en esta era de violencia y confusión, los padres tienen la necesidad urgente de asumir el rol de maestros espirituales de sus hijos. Las leyes que rigen el funcionamiento de la Naturaleza no son privadas, si no que se aplican a todas las personas y todas las cosas. Por lo tanto, comprender estas leyes no es sólo una manera de ayudar a algunas personas, sino que también es algo vital para nuestra sociedad e, incluso, para nuestra civilización. Si educamos a un muy elevado de nuestros niños para que practiquen las Siete Leyes Espirituales, nuestra civilización se verá transformada. El amor y la compasión, que hoy en día se trivializan tan a menudo, pueden convertirse en el aliento natural y el motor de la existencia de todos nosotros. Creo que le debemos al mundo asegurarnos de que sean muchos los niños que crezcan sabiendo lo que es la realidad espiritual. El espíritu siempre ha sido esquivo. Prueba de ello es que un texto antiguo de la India atestigua que un cuchillo no puede cortarlo, que el agua no puede mojarlo, que el viento no puede arrastrarlo y el sol no puede secarlo. Cada molécula del Universo está impregnada con el Ser; cada pensamiento que tienes, toda la información que llega a ti a través de tus cinco sentidos no es más que el Ser. Pero éste puede ser pasar desapercibido, ya que es completamente silencioso, como un gran coreógrafo que nunca se une a la danza. Todos nos sostenemos en el Ser; de él tomamos el aliento y la vida, y sin embargo nuestros padres no nos enseñaron mucho sobre él.

A todos se nos perdona la falta de conocimiento sobre el espíritu y podemos enseñarnos a nosotros mismos las Siete Leyes Espirituales con el mismo entusiasmo con el que se las enseñamos a nuestros hijos. Éste ha sido, principalmente, el ideal que ha infundido la escritura del presente libro.

PRIMERA PARTE

*La crianza de los hijos
y el don del espíritu*

SRI AUROBINDO

El deseo más profundo en el corazón de un padre o una madre es ver que su hijo alcanza el éxito en la vida y, sin embargo, ¿cuántos de nosotros somos conscientes de que el camino más directo hacia el éxito es a través del espíritu? En la sociedad actual, normalmente no hacemos esa conexión, sino más bien todo lo contrario. Enseñamos a nuestros hijos a sobrevivir, a comportarse para obtener nuestra aprobación, a defenderse, a competir y a perseverar ante las decepciones, los obstáculos y los reveses. Aunque a menudo se considera que creer en Dios es algo bueno, tradicionalmente, en la vida cotidiana, el mundo del espíritu y del éxito se han considerado siempre como opuestos. Esto es un error y ha tenido un profundo efecto en nuestras vidas, desde la niñez.

Muchas personas dan por sentado que el éxito es esencialmente material y que puede medirse en dinero, prestigio o abundancia de posesiones. Ciertamente, todo ello desempeña un papel, pero tenerlo no es una garantía de éxito. El éxito que queremos que nuestros hijos alcancen tiene que estar definido también de una forma no material. Debería incluir, por ejemplo, la capacidad de amar y tener compasión, de sentir alegría y transmitirla a los demás, la seguridad de saber que la vida tiene un propósito y, por último, un sentido de conexión con el poder creador del Universo. Todas estas cosas constituyen la dimensión espiritual del éxito, la dimensión que produce la satisfacción interior.

Si el significado de tu vida se despliega para ti cada día en la simplicidad y el asombro, entonces, has alcanzado el éxito –lo cual significa, de una manera profunda, que cada bebé ya nace siendo un éxito–. La capacidad de los niños de sentir asombro ante la existencia cotidiana es la prueba más evidente de que la Naturaleza quiere que tengamos éxito. Es propio de la naturaleza humana responder a la vida con alegría. Las semillas de Dios están en nuestro interior. Cuando realizamos el viaje del espíritu, regamos esas semillas divinas. Una buena vida refleja, simplemente, nuestra intención interior. Con el tiempo, las flores de Dios florecen dentro de nosotros y a nuestro alrededor, y empezamos a ver y conocer el milagro de lo divino dondequiera que vayamos.

Nuestra responsabilidad como padres, por lo tanto, es establecer los principios para que nuestros hijos estén preparados para emprender el viaje del espíritu. Esto es lo mejor que podemos hacer para asegurar su éxito en la vida; mejor todavía que darles dinero, un hogar seguro o, incluso, amor y afecto. Te pido que consideres esta idea espiritual acerca de la crianza de los hijos, por muy distinta que sea de la forma en que concibes tu papel de padre ahora.

Para llevar a cabo esta nueva forma de crianza debemos establecer unos principios prácticos para enseñárselos a nuestros hijos. Los principios que tengo en mente fueron presentados en mi libro anterior como *Las Siete Leyes Espirituales del Éxito*. Para poder lograr una conexión con el espíritu, es esencial tener conocimiento de las leyes espirituales. Cuando practicamos las leyes espirituales, estamos en armonía con la Naturaleza. Cualquier otra forma de vivir produce tensión y dificultades. El éxito que se consigue al vencer las diversas dificultades puede aportarnos muchos beneficios, pero no lograremos la realización interior que buscamos.

En el lenguaje adulto diríamos que las Siete Leyes Espirituales se expresan de la siguiente manera:

PRIMERA LEY: *La Ley de la Potencialidad Pura*
La fuente de toda creación es la conciencia pura, la potencialidad pura que busca la expresión de lo no manifestado a lo manifestado.

SEGUNDA LEY: *La Ley del Dar*
Gracias a nuestra voluntad de dar aquello que buscamos, la abundancia del Universo continúa circulando en nuestras vidas.

TERCERA LEY: *La Ley del Karma*
Cuando elegimos realizar acciones que deparan felicidad y éxito a los demás, el fruto de nuestro karma es la felicidad y el éxito.

CUARTA LEY: *La Ley del Mínimo Esfuerzo*
La inteligencia de la Naturaleza funciona sin ningún esfuerzo, con despreocupación, armonía y amor. Cuando encauzamos esas fuerzas, creamos el éxito con la misma facilidad.

QUINTA LEY: *La Ley de la Intención y el Deseo*
Inherente a cada intención y deseo es el mecanismo para su realización. En el campo de la potencialidad pura, la intención y el deseo tienen un poder organizador infinito.

SEXTA LEY: *La Ley del Desapego*
Gracias a la voluntad que ponemos para entrar en lo desconocido, el campo de todas las posibilidades, nos rendimos a la mente creadora que organiza la danza del Universo.

SÉPTIMA LEY: *La Ley del «Dharma»*
Cuando combinamos nuestro talento único con el servicio a los demás, experimentamos el éxtasis y la exultación del propio espíritu, y ése es el objetivo final de todos los objetivos.

No importa si las llamas «leyes» o «principios». Por un lado, son leyes en la medida en que gobiernan el desarrollo del espíritu mientras éste traspasa del mundo invisible del alma al mundo visible de la materia. Por otro, son principios en la medida en que podemos tomarlos en serio y aplicarlos de la misma manera en que aplicaríamos un principio como el hecho de decir la verdad o de ser justos.

¿Por qué necesitamos este tipo de principios? ¿Por qué no simplemente enseñamos a nuestros hijos a amar a Dios y a ser buenos?

La respuesta es que las Siete Leyes Espirituales ponen a la persona en contacto con la mecánica de la Naturaleza. Cuando alineas tu vida conscientemente con las leyes espirituales, estás pidiéndole al Universo que te proporcione éxito y abundancia. Ésta es la clave para llegar a ser consciente de tu propio Ser y utilizar su poder infinito.

Cuanto antes se le enseñe a una persona a vivir sin esfuerzo, con armonía y creatividad, más probable es que todo en la vida le conduzca al éxito. Esto es lo que se nos pide que transmitamos a nuestros hijos y, si podemos hacerlo, no hay nada que nos depare más alegría y orgullo.

Todas las tradiciones espirituales poseen alguna versión de las siete leyes, pero éstas proceden en su forma más pura de la antigua tradición védica de la India, la cual las articuló hace más de 5000 años. Las Siete Leyes Espirituales sirven a una visión, de la manera que explicamos a continuación.

Los seres humanos se componen de cuerpo, mente y espíritu. De éstos, el principal es el espíritu, pues nos conecta con la fuente de todas las cosas, el campo eterno de la conciencia. Cuanto más conectados estemos, más disfrutaremos de la abundancia del Universo, la cual ha sido organizada para cumplir nuestros deseos y anhelos. Solamente en los estados de desconexión sufrimos y tenemos dificultades, pues la intención divina es que todos los seres humanos disfrutemos de un éxito ilimitado.

El éxito, por lo tanto, es algo sumamente natural.

Los niños y el espíritu: la enseñanza de la inocencia

Cuando hablemos con un niño, el lenguaje que utilicemos para referirnos a las Siete Leyes Espirituales tiene que ser distinto, menos abstracto que el empleado entre los adultos. Afortunadamente, las mismas leyes pueden ser redactadas de manera que incluso un niño pequeño pueda grabarlas en su mente y en su corazón:

PRIMERA LEY:
Todo es posible.

SEGUNDA LEY:
Si quieres conseguir algo, dalo.

TERCERA LEY:
Cuando tomas una decisión, cambias tu futuro.

CUARTA LEY:
No digas no: déjate llevar por la corriente.

QUINTA LEY:
Cada vez que deseas o anhelas algo, plantas una semilla.

SEXTA LEY:
Disfruta del viaje.

SÉPTIMA LEY:
Estás aquí por una razón.

El día que escribí estas simples frases, no me detuve a pensar mucho acerca de ellas, pero después me di cuenta de lo siguiente: si me hubiesen enseñado estas siete frases en mi niñez, mi vida hubiese sido del todo distinta. Entonces, hubiera sabido algo valioso y al mismo tiempo práctico, algo que no se habría desvanecido como cualquier otra lección de la infancia, sino que, año tras año, habría madurado y se hubiera acabado convirtiendo en un principio espiritual maduro.

Un niño criado en las habilidades espirituales será capaz de responder a las preguntas más elementales sobre cómo funciona el Universo; entenderá la fuente de la creatividad tanto en su interior como en el exterior; será capaz de practicar el no juzgar, la aceptación y la verdad, las cuales son habilidades valiosas que todos deberíamos poseer para tratar con otras personas. Asimismo, se liberará del miedo paralizante y la ansiedad sobre el significado de la vida que corroe en silencio los corazones de la mayoría de los adultos, tanto si lo admiten como si no.

La mejor educación que puedes dar a tus hijos es la espiritual.

No estoy hablando de establecer reglas estrictas, como cuando les enseñamos que deben ser buenos o, de lo contrario, corren el riesgo de ser castigados. Cada una de las Siete Leyes Espirituales debería transmitirse, no como una regla o un precepto rígido, sino como *tu propia forma de ver la vida.* Como padres, enseñamos con mayor efectividad siendo quienes somos, y no por lo que decimos. Esto en sí mismo forma parte de la perspectiva espiritual.

Todos los niños ya tienen una vida espiritual. Esto se debe a que todos nacen en el campo de creatividad infinita y conciencia pura que es el espíritu, pero no todos los niños saben que esto es así. El espíritu debe ser cultivado, alimentado y estimulado. Si es así, entonces el espíritu inocente del niño crece hasta llegar a ser lo suficientemente fuerte como para soportar las duras realidades de un mundo que suele ser poco espiritual.

Perder el contacto con el espíritu no afecta en nada al campo infinito de creatividad, el cual no puede sufrir daño alguno, pero sí puede hacer mucho daño a las oportunidades que puede tener una persona en la vida. Con espíritu, todos somos hijos del cosmos; sin él, somos como huérfanos que van a la deriva.

Pongamos un ejemplo. La Séptima Ley dice, «Estás aquí por una razón». El motivo que tiene un niño para estar aquí puede expresarse en términos sencillos y cotidianos como:

¿Qué cosa positiva he hecho hoy?

¿Qué talento he descubierto?

¿Qué cosa me ha llegado (un regalo, una lección, una experiencia hermosa) que ha logrado que me sintiera especial?

¿Qué he hecho para que alguien se haya sentido especial?

Éstas son simples variaciones de la pregunta fundamental: ¿Por qué estoy aquí? Todos nos hicimos esta pregunta cuando éramos unos niños y sólo dejamos de hacerla porque sentimos que nuestros padres y maestros realmente no tenían una respuesta.

Un niño que no ha aprendido a buscar la respuesta a esa pregunta de una forma sencilla, un día cualquiera, tendrá que tratar de encontrar un propósito en la vida en unas circunstancias mucho más difíciles. Normalmente, posponemos la búsqueda hasta el final de la adolescencia o el inicio de la veintena, y en ocasiones hasta la mediana edad, las cuales desafortunadamente son las etapas más turbulentas del desarrollo personal. «El significado de la vida» se confunde con la rebeldía y la montaña rusa de emociones típicas del final de la adolescencia, o con la creciente conciencia de la mortalidad que se impone en la mediana edad. En la escuela tratamos de entender las ideas de los grandes maestros religiosos y los filósofos. El debate acerca de si la existencia tiene un significado nos abruma. (Creo que cualquiera persona que haya vivido en los años sesenta puede identificarse dolorosamente con todas esas fases del conflicto).

Sin embargo, si a un niño se le dice desde los 3 o 4 años: «Estás aquí por una razón», se enfrentará a un futuro muy distinto. Ese niño sentirá que la búsqueda del sentido de la vida es algo natural, el equivalente espiritual de aprender el abecedario. No habrá años de aplazamiento, seguidos de una confusión interior desesperada. «¿Por qué estoy aquí?» no tiene por qué ser una pregunta existencial temible. A fin de cuentas, es la exploración más gozosa que una persona puede realizar, y les hacemos un gran favor a nuestros hijos presentándola como tal. Un niño que prestara atención sólo a este principio tendría una vida mucho más rica (una vida más exitosa) que muchos adultos para los que los conceptos de «espíritu» y «Dios» permanecen encerrados para siempre en un mundo de abstracción.

El verdadero crecimiento espiritual cambia a la persona de una forma paradójica. Aporta comprensión y, al mismo tiempo, preserva la inocencia. Como padres nos sentimos dolorosamente tentados a distanciarnos de la infancia. Lo hacemos aparentando que sabemos más sobre la vida, cuando, en realidad, normalmente lo que ocurre es que sólo tenemos más experiencia. Hemos aprendido las reglas y a evitar los castigos, a ocultar nuestra debilidad mostrando fortaleza y a nunca dejar caer la máscara de la invulnerabilidad. No hay mejor receta para destruir la inocencia de un niño que destruir la nuestra.

A los ojos del espíritu, todo el mundo es inocente, en todos los sentidos de la palabra. Dado que eres inocente, no has hecho nada que merezca un castigo o la ira divina. Te renuevas cada día. Eres un receptor de experiencias que nunca dejan de inspirar regocijo y asombro. Sólo hay una diferencia espiritual entre la inocencia de los niños y la de los adultos: nosotros, los adultos, somos inocentes *con entendimiento* –y eso es lo que debemos impartir–, conservando la cualidad pura, fresca y prístina que acompaña al verdadero conocimiento.

Cómo empezar

Desde el día en que nace tu bebé, eres un maestro o una maestra del espíritu. Si creas una atmósfera de confianza, sinceridad, ausencia de juicio y aceptación, estas cualidades serán absorbidas como las cualidades del espíritu.

En un mundo perfecto, la crianza de los hijos se resumiría en una frase: *Muestra sólo amor, sé sólo amor.* Pero en el mundo con el que todos lidiamos, los niños crecen para enfrentarse a muchos comportamientos poco amorosos, principalmente fuera del hogar, pero en ocasiones también dentro de él. En lugar de preocuparte de si dispones del suficiente amor para ser un maestro espiritual, considera la espiritualidad como una habilidad para la vida, ya que eso es lo que es. Creo que hay que impartir estas habilidades lo antes posible por cualquier medio que el niño pueda entender.

BEBÉ: 0-1 AÑO

Palabras clave: *Amor, afecto, atención*

Afortunadamente para nuestra generación, la idea errónea de que los niños deben ser educados y disciplinados desde la cuna ha sido desechada. Un bebé es puro oro espiritual. Valorar su inocencia es la manera de encontrar el camino de regreso a la nuestra. Por lo tanto, de una manera muy importante, es el padre o la madre quien se sienta a los pies del bebé. El vínculo espiritual con tu bebé se crea acariciándolo, sosteniéndolo en tus brazos, protegiéndolo de todo daño, jugando con él y prestándole atención. Sin estas respuestas «primitivas» del entorno, el organismo humano no puede florecer y, por lo tanto, languidecerá y se marchitará como una flor que no recibe la luz solar.

NIÑO: 1-2 AÑOS

Palabras clave: *Libertad, estímulo, respeto*

Ésta es la etapa en la que el niño comienza a tener un ego. Cuando digo *ego* me refiero al sentido más simple del «yo», a la convicción de que «yo soy». Ésta es una época precaria, porque el niño está intentando desvincularse de sus padres por primera vez. El atractivo de la libertad y la curiosidad lo llaman en una dirección, pero el miedo y la inseguridad lo llaman en otra. No todas las experiencias de estar solo son placenteras. Por lo tanto, serán la madre o el padre quienes transmitan una lección espiritual sin la cual ningún niño llegará a adquirir, con el tiempo, la idea de que es un individuo independiente y de que el mundo es un lugar seguro.

Sentirte seguro como adulto significa que, en algún momento antes de haber cumplido los 2 años, no estuviste condicionado por el miedo; te animaron a expandirte sin límites, a valorar la libertad a pesar de la herida ocasional que puede presentarse cuando un niño se enfrenta a las cosas de este mundo. Caerte no es lo mismo que fracasar; hacerte daño no equivale a decidir que el mundo es peligroso. El daño no es más que la forma que tiene la Naturaleza de decirle a un niño dónde están los límites. El dolor existe para mostrarle al pequeño dónde empieza y dónde termina el «yo», para ayudarle a evitar peligros potenciales como quemarse o caer por las escaleras.

Cuando los padres alteran este proceso natural de aprendizaje, el resultado es una sensación de dolor psicológico, y eso no es lo que la Naturaleza pretendía.

El dolor psicológico establece límites que no puedes cruzar sin sentir una profunda ansiedad por tu estado de ánimo. Si un niño relaciona el hacerse daño con ser malo, débil, incapaz de hacer frente a las cosas o que está constantemente rodeado de amenazas, ya no queda espacio para el crecimiento espiritual interior.

Sin una sensación de seguridad, el espíritu se mantiene fuera de nuestro alcance; uno está constantemente tratando de sentirse seguro en este mundo, pero esa seguridad no puede alcanzarse si no se superan las improntas de los primeros años de la infancia.

PREESCOLAR: 2-5 AÑOS

En esta etapa se trata de crear una sensación de autoestima en el niño. La autoestima le proporciona la disposición de salir de la familia para experimentar el grande y ancho mundo. Se identifica con tareas y desafíos. Hasta los 2 o 3 años, un niño no tiene ninguna responsabilidad; basta con que juegue y sea feliz. No hay ninguna necesidad espiritual de nada, excepto para los padres, quienes deben propiciar el deleite del «yo» del niño mientras se desarrolla en un mundo nuevo.

Cuando aprende a ir al baño y a comer solo, el niño empieza a darse cuenta de que «yo soy» puede traducirse a «yo puedo». Una vez que el ego percibe esto, no hay nada que pueda detener a un niño de 2 años. Él piensa que tiene el control absoluto del mundo entero (y, ciertamente, controla a todos los miembros de su familia). «Yo» es como un generador de energía recién enchufado, y lo que hace que los niños de 2 años sean «terribles» es que el ego recién nacido emerge con poder de una forma indisciplinada. Gritar, chillar, correr, esgrimir la todopoderosa palabra ¡no! Y, generalmente, tratar de gobernar la realidad con la mera voluntad: eso es exactamente lo que debe ocurrir en esta etapa.

Desde el punto de vista espiritual, el valor de la etapa preescolar es que el poder *es* espiritual; tan sólo la distorsión del poder crea problemas. Entonces, en lugar de tratar de frenar las prisas de tu hijo por tener poder, debes canalizarlas hacia tareas y desafíos que le aporten equilibrio. El ansia de poder de un niño en edad preescolar, si no es equilibrada, le causará dolor, porque su experiencia es en gran parte la ilusión del poder. Un niño de 2 años que vocifera sigue siendo una personita, vulnerable, que todavía no está formada. Gracias al amor que sentimos por nuestro hijo, permitimos la existencia de la ilusión, porque queremos que crezca y se convierta en una persona fuerte y capaz que siente que está a la altura de cualquier desafío que se presente. En esta etapa, este sentimiento de autoestima no se desarrollará si la sensación de ser poderoso es suprimida o reprimida.

PARVULARIO-PRIMEROS AÑOS DE PRIMARIA: 5-8 AÑOS

Palabras clave: *Dar, compartir, no juzgar, aceptación, verdad*

Las palabras clave que se aplican a los primeros años de escuela empiezan a sonar más sociales. Por supuesto que hay muchas otras palabras, porque cuando el niño lleva 5 años experimentando el mundo, el cerebro ya es tan complejo y tan activo que, continuamente, absorbe y pone a prueba numerosos conceptos. No quiero dar a entender que compartir, dar y decir la verdad sean cosas que deban ser ignoradas antes de esta edad, pero lo fundamental en esta etapa es que ahora el niño empieza a asimilar conceptos abstractos. La mente concreta del bebé, que no entendía los motivos de tu comportamiento, sino únicamente cómo se sentía, ahora florece y tiene la capacidad de aceptar realidades que están más allá del «yo soy», «yo quiero» y «yo soy lo más importante».

A cualquier edad, la forma en que mostramos que empatizamos con necesidades que están fuera de nosotros es dando. Si el acto de dar se experimenta como una pérdida (debo renunciar a algo para que tú puedas tenerlo), entonces, la lección de esta etapa no ha sido aprendida. Dar, en términos espirituales, significa: «Yo te doy algo sin perder nada, porque tú eres parte de mí». Un niño pequeño no es capaz de comprender plenamente este concepto, pero puede *sentirlo*. Los niños no sólo *quieren* compartir, sino que les encanta compartir. Sienten la calidez que se experimenta al traspasar las fronteras del ego para incluir a otra persona en su mundo. No hay ningún acto que sea más íntimo que ése y, por lo tanto, ningún otro nos hace sentir tan felices.

Lo mismo vale para el hecho de decir la verdad. Mentimos para mantenernos a salvo, para evitar el peligro que representa el castigo. El temor al castigo implica una tensión interna e, incluso, si una mentira realmente nos protege de un peligro percibido, rara vez, o nunca, alivia esa tensión interna. Solamente la verdad puede hacerlo. Enseñar a un niño pequeño que decir la verdad hará que se sienta bien es el primer paso para que se dé cuenta de que la verdad tiene una cualidad espiritual.

No es necesario imponer castigos. Si fomentas la actitud de «di la verdad o tendrás problemas», le enseñarás algo que es falso desde el punto de vista espiritual. Un niño que siente la tentación de mentir está bajo la influencia del miedo; si la verdad se asocia con ese miedo, la mente, lógicamente, intentará aparentar mejor que está diciendo la verdad.

En cualquier caso, el niño se ve obligado a actuar mejor de lo que él cree que es en realidad. Aprender a simular lo que los demás exigen de uno es una receta segura para la destrucción espiritual. Tu hijo debe sentir: «esto es lo que yo quiero hacer».

NIÑOS MAYORES: 8-12 AÑOS

Palabras clave: *Criterio independiente, discernimiento, percepción*

Para muchos padres, esta etapa es la más placentera porque es cuando los niños desarrollan la personalidad y la independencia. Piensan por sí mismos, idean pasatiempos, saben qué les gusta y qué les disgusta y qué cosas les entusiasman. La emoción del descubrimiento está en su trayectoria hacia cosas que pueden durar toda la vida, como el amor a la ciencia o al arte. Ahora, los conceptos espirituales clave están todos en consonancia con esta emocionante fase.

Aunque suene árido, el «discernimiento» es una hermosa cualidad del alma. Va mucho más allá de discernir el bien del mal. En estos años, el sistema nervioso es capaz de conservar impresiones sutiles de gran profundidad e importancia para el futuro. Un niño de 10 años es capaz de tener sabiduría y se manifiesta por primera vez el más delicado de los dones: la percepción personal.

El niño puede ver y juzgar el mundo a través de sus propios ojos; ya no tiene que recibir el mundo de segunda mano de los adultos. Ésta es, por lo tanto, la primera etapa en la que los niños comprenden conceptualmente una ley espiritual. En las fases anteriores, la idea de una ley se concebía como una regla que había que obedecer o a la que, al menos, había que prestar atención.

En lugar de utilizar la palabra *ley*, los padres pueden comunicarles ideas útiles acerca de «cómo funcionan las cosa» o «por qué las cosas ocurren de una manera determinada». Éstas son formas más concretas de enseñanza, centradas en la experiencia.

Sin embargo, aproximadamente a la edad de 10 años, el razonamiento abstracto experimenta un giro independiente y, a partir de ese momento, la verdadera maestra es la experiencia, no una figura de autoridad. Por qué ocurre esto es un misterio espiritual, ya que, en realidad, la experiencia ha estado ahí desde el nacimiento del niño pero, por algún motivo, de repente, el mundo le habla y el niño comprende la sensación interior de por qué algo es cierto o no, por qué la verdad y el amor son importantes.

PRIMERA ADOLESCENCIA: 12-15 AÑOS

Palabras clave: *Autoconciencia, experimentación, responsabilidad*

La infancia acaba en la primera adolescencia, que suele ser una época complicada y difícil. En el caso de los niños, la inocencia se topa súbitamente con la pubertad y la aparición de unas necesidades que los padres ya no pueden satisfacer. Por lo que respecta a los padres, éstos se dan cuenta de que deben soltar a sus hijos y confiar en que son capaces de lidiar con un mundo de responsabilidades y presiones al que, posiblemente, ellos mismos apenas han aprendido a adaptarse sin inseguridades.

Lo que es fundamental es que, a estas alturas, las lecciones de la niñez ya han dado frutos dulces o amargos. Un niño que es capaz de tener un verdadero conocimiento espiritual reflejará el orgullo y la confianza de sus padres; de igual forma, el niño que cae en la confusión, la experimentación imprudente y la presión de grupo está reflejando la confusión que ha imperado en toda su educación. La adolescencia es notoriamente una época de cohibición, pero también puede ser una época de autoconciencia.

La experimentación es una parte natural de la transición de la infancia a la adolescencia, pero no tiene por qué ser imprudente y destructiva. La cuestión es si el niño tiene un yo interior que puede utilizar como guía. Ese yo interior es la voz silenciosa que tiene el poder de elegir entre el bien y el mal basándose en un conocimiento profundo acerca de la vida. Este conocimiento no se limita a ninguna edad. Un bebé recién nacido lo tiene de una forma tan plena como un adulto maduro. La diferencia es que el adulto maduro ha cultivado un comportamiento que sigue a su guía interna: si le has enseñado a tu hijo a prestar atención a su propio silencio, no hay ningún peligro en dejarlo salir al mundo cuando haya dejado de ser un niño. De hecho, es un experiencia gozosa (y en ocasionas angustiosa) ver cómo desarrolla su conciencia de sí mismo experimentando con la amplia variedad de opciones que la vida le ofrece.

Enseñarle a distinguir lo correcto de lo incorrecto

Dado que todos hemos crecido en una sociedad que le da muy poco valor a la vida espiritual, te puede resultar confuso considerar lo que significa ser un maestro espiritual de tu hijo. Por ejemplo, ¿en qué se diferencia de ser simplemente un padre amoroso o una madre amorosa? Para demostrarlo, pongamos como ejemplo un tema crucial que se presenta con todos los niños: enseñarles a distinguir entre lo que está bien y lo que está mal.

Creo que todos estaremos de acuerdo en que debemos evitar la antigua práctica de enseñar mediante el castigo y la reprimenda. Manifestarte como una autoridad punitiva no hace más que enfatizar tus dilemas morales que todavía no has resuelto. Los niños detectan rápidamente la brecha que hay entre lo que decimos como padres y la forma en que nos comportamos. Quizás aprendan a obedecernos por miedo a ser castigados, pero, emocionalmente, intuyen que un padre que tiene que utilizar amenazas y coerción no es un modelo de lo que el «bien» debería significar.

Sin embargo, todos sabemos que, a pesar de nuestras mejores intenciones, surgen ocasiones en las que nos sentimos tentados de castigar a los niños por nuestra propia exasperación y frustración. Si examinamos esos momentos detenidamente, nos damos cuenta de que estamos usando el castigo para resolver problemas que no están resueltos en nuestro propio corazón. ¿Realmente creemos que es posible ser buenos durante todo el tiempo? ¿Tememos a un Dios que nos castigará si nos portamos mal? ¿Hay una fuerza maligna ante la cual nos sentimos indefensos, inseguros de si el bien puede enfrentarse a ella en este mundo, y mucho menos triunfar?

La fragilidad de nuestra propia vida espiritual se manifiesta en la forma en que decidimos criar a nuestros hijos. No podemos escapar de esto e, incluso, si tratamos de ser amorosos y amables con nuestros hijos, habrá ocasiones en las que nuestras propias dudas se activarán. Ser un maestro espiritual va más allá de tu forma de comportarte: estás aquí para transmitir verdades reales acerca de la naturaleza de la vida espiritual.

La manera más fácil de enseñar el significado del espíritu es crear una atmósfera en la que el espíritu sea absorbido en forma de amor. Tener un hijo es un acto de gracia, al punto que cada padre desea devolver el regalo muchas veces. Éste es un impulso que yo he sentido íntimamente. He podido tener la confianza suficiente para escribir este libro porque la educación de mis dos hijos me ha permitido aprender las Siete Leyes Espirituales. Por su inocencia, los niños son maestros implacables de la verdad y el amor. A menos que críes a tus hijos con el espíritu total del amor, no importa cuántas leyes creas que les estás enseñando, éstas se convertirán en reglas sin vida que desecharán en cuanto deje de haber una autoridad que les exija obediencia.

Desde muy temprano en la vida de nuestros hijos, mi esposa y yo nos dimos cuenta de que estábamos siguiendo instintivamente ciertas prácticas que más adelante se convertirían en principios:

- Les enseñábamos a concebir el espíritu como una realidad, a creer en una fuente infinita de amor que los amaba mucho. Ésa era nuestra definición funcional de Dios.

- No los presionábamos para que alcanzaran el éxito. Ésa era nuestra manera de decirles que el Universo los apreciaba por ser quienes eran, no por lo que hacían.

- Nunca sentimos la necesidad de castigarlos, aunque les hacíamos saber con toda sinceridad cuándo estábamos decepcionados, enojados o dolidos. Ésa era nuestra forma de enseñar a través de la reflexión y no de las reglas.

- Siempre recordábamos que nuestros hijos eran un regalo del Universo y les hacíamos saber que eso era lo que sentíamos. Les decíamos lo privilegiados y honrados que nos sentíamos de contribuir a su crianza. No éramos sus dueños ni los poseíamos. No proyectábamos nuestras propias expectativas en ellos. Jamás sentimos la necesidad de compararlos (para bien o para mal) con ninguna otra persona. Ésa era nuestra forma de hacer que se sintieran completos.

- Les decíamos que tenían dones que podían cambiarles la vida a otras personas. También, que podían cambiar y crear cualquier cosa que desearan en sus propias vidas.

- Les hablamos desde una edad muy temprana del tipo de éxito que realmente importa: lograr metas valiosas para ellos, metas que los hicieran felices. Ésa era la mejor manera que conocíamos de aportar alegría y sentido a los demás.

- Por último, los alentábamos a hacer sus sueños realidad. Así les decíamos que confiaran en sus propios deseos: el verdadero camino hacia el mundo interior.

A pesar de no ser unos padres perfectos, y ciertamente nos alejamos en muchas ocasiones de nuestros ideales, mi esposa y yo encontramos la manera de criar a nuestros hijos a través de la inspiración. Mostrando cómo estar «en el espíritu» es lo que significa la palabra *inspirado*, es decir, «respirar en el aliento de Dios».

Este último punto es probablemente el más importante. Como padres, si queremos transmitir leyes espirituales a nuestros hijos de una forma práctica, debemos saber si estamos teniendo éxito o no, y la manera más fácil de saberlo es viendo si tus hijos están inspirados y entusiasmados. La inspiración, el entusiasmo y el regocijo son cualidades espirituales. Sin ellas, no hay vida espiritual a ninguna edad.

Aprovecho esta oportunidad para expresar mi profundo agradecimiento a mi esposa, Rita, cuyo instinto para el amor y la bondad siempre me han guiado. Ser guiado por sus instintos espirituales también entrañaba aquellas cosas que *no* hacíamos como padres. No exigíamos obediencia ni nos erigíamos como autoridades. No pretendíamos tener siempre todas las respuestas. No reprimíamos nuestros sentimientos ni les decíamos a nuestros hijos que eso era bueno para ellos. Y cada día tratábamos de educarlos para que vivieran sus propias vidas, no las vidas que lamentábamos no haber vivido nosotros.

Todas estas prácticas pueden reducirse a un solo precepto: *tu hijo necesita todo el amor maduro que puedas darle.* Lo que hace que el amor sea maduro (y no sólo adulto) es la intención espiritual consciente que hay detrás de él. El nacimiento de un bebé hace que nos entrenemos como maestros del espíritu. Después, nos apoyamos en la gracia del amor, la cual guía nuestras intenciones en los años siguientes. El espíritu nos eleva por encima de la falibilidad y, al hacerlo, enseña a nuestros hijos las lecciones más profundas y valiosas.

SEGUNDA PARTE

*Practicar
las Siete Leyes Espirituales*

Cuando tus hijos son muy pequeños, ya puedes integrar las Siete Leyes Espirituales en tu rutina familiar. Si esto se hace de una forma natural, sin forzar o presionar, tus hijos crecerán teniendo ejemplos vivos de la forma en que el espíritu hace que la vida sea un éxito.

La comprensión de un niño del significado de las leyes espirituales aumentará con el tiempo. Recuerda que los niños aprenden principalmente de lo que eres, no de lo que dices. Tu propia práctica será siempre la mayor influencia positiva. Los niños te necesitan como modelo y ejemplo; en ese sentido, observarte es su práctica desde una edad muy temprana. Si te ven creciendo, cambiando y encontrando más sentido y alegría en tu propia vida, la expresión «estar en armonía con el Universo» adquiere para una fuerza práctica. Ellos querrán eso para sí mismos, incluso si todavía no llegan a comprender los principios implicados.

En las siguientes páginas he esbozado un programa diario para la familia. Cada día de la semana está dedicado a una sola ley, empezando el domingo con la Ley de la Potencialidad Pura. En nuestra familia dedicamos un rato cada día a hablar sobre el significado de una ley y buscamos ejemplos de la forma en que dicha ley ha funcionado para nosotros durante ese día.

Por lo general, toda práctica espiritual está centrada en la atención: con sólo prestar atención a las Siete Leyes Espirituales invocas su poder organizador en tu vida.

La rutina diaria contiene también tres actividades para ayudarte a centrar la atención en la ley para ese día en concreto. El domingo, las tres actividades son la meditación silenciosa, la comunión con la Naturaleza y la práctica del no juzgar. Todos en la familia, los hijos y los padres, acuerdan pasar un rato realizando estas actividades; y es mejor si éste es un tiempo que compartimos con toda la familia.

En conjunto, para realizar estas tres actividades sólo se necesitan unos minutos; media hora como máximo. En cualquier caso, prestar atención no es una cuestión de tiempo, sino de utilizar la percepción. Percibir algo hermoso puede tomar tan sólo un segundo y no hace falta ningún tiempo para dejar de juzgar a los demás como correctos o incorrectos.

La culminación de cada día es la hora de la cena, cuando todos hablamos sobre lo que hemos hecho, observado y aprendido durante el día. Esta conversación es casual, nada forzada. El que quiere hablar lo hace, con pocas o muchas palabras, según se sienta cómodo. Al principio, mientras las Siete Leyes Espirituales son algo nuevo, es posible que vosotros, como padres, tengáis que animarlos un poco para que comenten, pero en poco tiempo lo entenderán. A fin de cuentas, éste es su momento para ser escuchados, para que les prestéis atención de una forma totalmente positiva.

Domingo

es el día de la Potencialidad Pura.

Hoy les decimos a nuestros hijos:
«Todo es posible, pase lo que pase».

El domingo acordamos como padres hacer lo siguiente con nuestros hijos:

1. Guiarlos durante unos minutos de meditación silenciosa.

2. Inspirarlos a apreciar la belleza y la maravilla de la Naturaleza.

3. Mostrarles las posibilidades ocultas de las situaciones con las que están familiarizados.

ANÓNIMO

El domingo la familia le presta atención a la idea de que todo es posible. El ámbito en el que todo es posible es el espíritu; ésa es nuestra fuente. Dentro de todas las personas hay una semilla de creatividad que puede crecer en cualquier dirección. Nada nos limita, excepto nosotros mismos, porque el aspecto más verdadero de cada persona es el potencial ilimitado.

Al conectar con nuestra fuente activamos todas las posibilidades en la vida diaria. En la práctica, esto significa que todos dedicamos un tiempo a experimentar el ámbito silencioso de la conciencia pura. Los niños deben aprender que el silencio es el hogar del espíritu. Todas las otras voces hablan fuerte, pero el espíritu se comunica sin hacer sonido alguno.

Estar en contacto con el ámbito de todas las posibilidades significa que experimentas la autorreferencia: es decir, que buscas orientación en tu interior. La autorreferencia produce una plenitud del espíritu que no puede alcanzarse mediante el éxito material. El motivo por el cual deseamos el éxito es alcanzar nuestro potencial de felicidad y sabiduría, no sólo el potencial de ganar dinero y adquirir cosas. El domingo es un buen día para basar toda la semana en esas creencias.

Con los niños, utilizar el vocabulario del corazón suele ser más efectivo que usar palabras abstractas como *potencialidad*. «Escucha a tu corazón; tu corazón sabe» es un buen comienzo, junto con frases como éstas:

Pon tu corazón en ser todo lo que puedes llegar a ser.
En tu corazón, todo es posible.
En tu corazón, sabes que las cosas van a salir bien.
Si tu corazón es puro, puedes atraer cualquier cosa
    hacia ti.
No importa lo que ocurra a tu alrededor, en tu cora-
    zón sabrás que puedes conseguir cualquier deseo.

También deberías dejar claro que *corazón* no es sólo otra palabra para referirte a las emociones. El corazón es un centro espiritual. Contiene silencio y sabiduría. Ciertamente, las emociones más verdaderas, como el amor y la compasión, emanan de esa fuente, pero queremos que nuestros hijos identifiquen el corazón como un lugar en el que reside el sentido de «Yo soy». Ésta es la semilla de la inspiración de la que fluyen todas las posibilidades; es nuestra conexión con el campo del potencial puro. Nadie que no se sienta exitoso en el fondo de su corazón puede llegar a tener éxito.

Domingo con los niños

Las tres actividades para el domingo son meditar, apreciar la maravilla y la belleza de la Naturaleza, y aprender a ver nuevas posibilidades en las situaciones familiares.

1. Los adultos deberían practicar meditación silenciosa de 15-20 minutos de duración durante la mañana y la tarde. A los niños pequeños se les puede habituar a esta práctica gradualmente. Desde que tus hijos tengan 6 o 7 años, empieza a enseñarles que permanecer unos pocos minutos a solas y en silencio todos los días es algo bueno. Antes de esta edad, no hagas ningún intento de suprimir su energía y entusiasmo naturales.

El silencio interior es una experiencia delicada que no puede florecer hasta que el sistema nervioso haya comenzado a madurar. Hasta que tus hijos tengan aproximadamente 12 años, es suficiente con que les des el ejemplo personalmente. En lugar de insistir en que la meditación forme parte de la rutina diaria, espera a que se presenten oportunidades relajadas para invitar al niño a que se siente contigo (preferiblemente, mientras practicas tu propia meditación) y, ambos, respirad en silencio con los ojos cerrados. Pídele a tu hijo que sienta cómo la respiración entra y sale suavemente; a un niño mayor se le podría pedir que visualice la respiración como una suave luz de color blanco azulado que entra y sale de la nariz. Dile algo que lo anime. Señalarle que tú disfrutas de tu propia meditación es una buena manera de incentivarlo.

Inicialmente, 5 minutos de este sencillo ejercicio de respiración son suficientes. Auméntalo a 15 minutos a partir de los 10-12 años.

No te impacientes si tu hijo no quiere quedarse sentado y quieto siempre que lo invitas a hacerlo. Si lo único que consigues es que esté inquieto, déjalo que se vaya mientras tú continúas con tu meditación. El ejemplo de tu propio disfrute lo atraerá hacia la práctica de una forma natural.

¿Cómo debería ser tu propia práctica de la meditación? Yo recomiendo o bien la meditación de la respiración que acabo de describir, o bien la Meditación del Sonido Primordial. (Ésta se enseña en The Chopra Center for Well Being y por profesores entrenados en dicho centro. Puedes llamar al Centro de La Jolla (California) para encontrar a un profesor cualificado en tu área.

Una meditación sin conocimiento pierde la mitad de su valor, de manera que cualquier cosa que puedas decirles a tus hijos acerca de los beneficios de ésta será sumamente alentadora. El silencio interior favorece la claridad mental, hace que valoremos nuestro mundo interno, nos entrena para entrar en nuestro interior, la fuente de paz e inspiración cuando nos enfrentamos a problemas y desafíos.

2. La Naturaleza respira el aliento del espíritu. Su belleza refleja el asombro de nuestra alma por el hecho de estar aquí. Por tanto, cuando te tomas un tiempo para ir a un entorno natural (caminar en un parque, hacer una excursión por un sendero en la naturaleza, hacer un pícnic en la playa o en las montañas), puedes ver la creatividad infinita en cada flor diminuta. Me encanta la frase: «Lo que Dios puede darnos sólo está limitado por nuestra propia capacidad de apreciar Sus dones». En términos del éxito, esto es totalmente cierto: sólo puedes ver tan lejos como tu visión te lo permita. La Naturaleza es el lugar perfecto para ampliar tus horizontes.

A los niños les encanta ser inspirados por la maravillas de la Naturaleza, y tú puedes apoyar esa experiencia señalando lo expandidos y libres que nos sentimos al estar rodeados por ella. La sensación de que «puedo hacer cualquier cosa» surge de una forma natural cuando, por ejemplo, contemplamos el amplio cielo o el esplendor de una imponente cadena montañosa. Las personas que se concentran en los aspectos físicos tienden a detenerse en lo pequeños e insignificantes que parecen ser los seres humanos en la gran escala de la Naturaleza, pero esto no se aplica al plano espiritual. Desde dicho plano, las vistas infinitas del mundo natural hacen que sintamos que podemos ser uno con el infinito.

3. Cada segundo de nuestro tiempo es una puerta de entrada hacia posibilidades ilimitadas. Si no estás abierto a ellas, esas posibilidades disminuyen. Por lo tanto, es importante enseñar a los niños a buscar algo nuevo en las situaciones conocidas. ¿Y qué es lo que hace falta para hallar cosas nuevas? Necesitamos perspicacia y percepción, ausencia de juicio y la disposición a estar abiertos. El éxito depende de todas estas cosas, y tú las estarás enseñando cada vez que plantees esta simple pregunta: «¿Hay alguna otra forma de ver esto?».

Siempre la hay. Por ejemplo, recientemente, invitaron a un amigo mío a una cena. En la puerta le dijeron que si Claudia, la hija menor de la familia, no quería comer, no le hiciera caso. «Tenemos problemas con ella. Tiene 6 años y se pone terca cuando no quiere comer», le explicaron sus padres. Cuando mi amigo se sentó a cenar, Claudia entró inmediatamente en su patrón de «Esto no me gusta», «¿Qué es esto?», y así sucesivamente. Se trataba de una rutina muy gastada ante la cual la actitud de los padres era: «No podemos hacer nada al respecto». En otras palabras, todos estaban expresando esos pensamientos que nos mantienen prisioneros en viejos patrones poco creativos.

Por puro impulso, mi amigo se inclinó hacia Claudia y le susurró: «La comida de tu plato tiene muy buena pinta, yo la quiero para mí». Trazó una línea en el centro de su plato con un cuchillo y dijo, «Muy bien, todo lo que está de este lado de la línea es mío y no puedes tocarlo, pase lo que pase». Esto lo dijo en un tono juguetón. Claudia lo miró con los ojos muy abiertos. Siempre se había enfrentado a la cena como si fuese una prueba, una lucha de poder con sus padres. Ahora mi amigo la estaba convirtiendo en un juego. Miró hacia otro lado y dijo en voz alta: «Claudia no se está comiendo mi comida, ¿verdad? Ella nunca haría algo así, ¿no?».

Por supuesto, Claudia no pudo evitar comerse todo lo que estaba en el lado de mi amigo de su plato, lo más rápido posible. La tentación del juego fue demasiado grande. Éste es un buen ejemplo de cómo el hecho de reformular una situación permitió que todos, incluidos los padres, atravesaran las viejas barreras.

Sin darnos cuenta, cada uno de nosotros impone límites a su forma de percibir el mundo. Nos enfrentamos a posibilidades infinitas, ilimitadas, pero no las aprovechamos (o lo hacemos muy rara vez) porque nuestro condicionamiento pasado siempre nos obliga a emitir juicios. Nuestra mente nos dice:

No me gusta.
No lo puedo entender.
Ya lo sé todo sobre este tema.
Eso no está bien (o es incorrecto, aburrido).
No se puede hacer nada al respecto.

Éste es un buen día para fijarte cuándo tus hijos y tú hacéis alguno de esos comentarios en voz alta. Ocurre todo el tiempo. Alguien o algo se cruza en nuestro camino e instantáneamente lo juzgamos, lo cual impide el flujo de nuevas posibilidades. Por lo tanto, cuando observes que esto ocurre, incluso aunque sea en una sola ocasión, cambia tu percepción. Pide a tus hijos que busquen una nueva cualidad en sí mismos o en la otra persona; pídeles que ensanchen su imaginación.

Si eres capaz de enseñar esta única cosa, harás más por el éxito de tus hijos de lo que podrías hacer por cualquier otro medio: el éxito es sinónimo de aprovechar las oportunidades que otros han dejado pasar.

Una vez que los niños mayores están preparados para asimilar los conceptos abstractos, es sumamente valioso enseñarles a no criticar. No juzgar significa no etiquetar a otras personas y a su forma de actuar como «correcta» e «incorrecta». Éste es el primer paso para desarrollar las actitudes maduras de aceptación, no violencia y compasión para la vida.

Juzgar no forma parte del enfoque de la vida de una persona espiritual. Todos proyectamos negatividad hacia otras personas, pero lo hacemos porque confundimos nuestras reacciones emocionales con la realidad. Si alguien provoca que nos sintamos enfadados, angustiados, asustados, etc., sentimos que esa negatividad es su responsabilidad. Espiritualmente, la Ley de la Potencialidad Pura nos dice que nadie puede ser etiquetado o juzgado porque en la vida existen todas las posibilidades; todo está en nuestro interior. Nada en nuestra naturaleza puede ser creado o destruido por alguien «ahí fuera». La misma persona que hace que te enfades o tengas miedo puede tener el efecto contrario en otra. Por lo tanto, vale la pena dedicar unos minutos en este día a ver a todos bajo la luz del amor, a no juzgarlos y a no decir que alguien es malo o está equivocado.

El aprender a no juzgar no es algo fácil de comunicar a los niños pequeños. Incluso una frase simple como: «No le digas a tu hermano que está equivocado» se vuelve confusa, ya que podría interpretarse fácilmente como una reprimenda; cada vez que dices *no hagas eso*, o *para*, o *no*, tú mismo estás juzgando. Es mucho mejor adoptar un enfoque positivo: pide a cada niño que encuentre una cosa buena o digna de ser amada en otro niño. Haz que ésa sea la tarea del día y, luego, comentadlo durante la cena.

En realidad, ninguno de nosotros debería dejar atrás este sencillo juego, pero puedes empezar pidiendo a tus hijos mayores que asuman la responsabilidad de cómo se sienten. Esto significa que empiecen a aprender la diferencia entre «Hiciste algo que me hizo enojar» y «Tengo sentimientos de enojo con los que quiero lidiar yo mismo».

Pero no presiones con esto, porque se tarda toda una vida en llegar a asumir la madura responsabilidad de cómo nos sentimos. La proyección es una fuerza poderosa. Si enseñas aceptación y tolerancia, transmitiendo la creencia de que todo el mundo está haciendo lo mejor que puede y que debería verse bajo esa luz, y no como nosotros esperamos que se comporten, entonces, estarás haciendo muchísimo para enseñar la Primera Ley.

Reflexiones sobre
la Ley de Potencialidad Pura

Todo fluye de la fuente infinita,
que es Dios…
Dios forma parte de cada niño
y conecta a cada niño con la fuente.

Dado que Dios crea todas las cosas,
se debería animar al niño a creer que
todas las cosas son posibles en su vida.

Todo el mundo puede entrar en contacto
con la semilla de Dios que está en su interior…
Cada día nos brinda la oportunidad de regar
esa semilla y verla crecer.

Cuando los niños se sientan pequeños y débiles,
recuérdales que son hijos del Universo.

Lunes

es el día del Dar.

Hoy les decimos a nuestros hijos:
«Si quieres obtener algo, dalo».

El lunes acordamos como padres hacer lo siguiente con nuestros hijos:

1. Invitarlos a dar una cosa a alguien de la familia.

2. Inspirarlos a recibir con gracia.

3. Compartir un breve ritual de agradecimiento por los regalos que nos da la vida.

Si quieres tomar, primero debes dar.
LAO-TZU

En este día prestamos atención a la forma en que damos a los demás. Puesto que no hay dar sin recibir, completamos el ciclo prestando atención también al recibir. Así, el dar es visto como un movimiento constante, la circulación de todas las cosas en la creación. Crear algo implica tomar una semilla o una inspiración y dar a luz. En este dar, la semilla crece, los frutos se multiplican y la inspiración toma forma.

Desde el punto de vista espiritual, el éxito depende de que uno siga las leyes que gobiernan el funcionamiento de la Naturaleza, y el dar es una de las más valiosas. Muchos maestros espirituales han enseñado, como dice el yogui moderno Shivananda, que «dar es el secreto de la abundancia». Esto no tiene ningún misterio; siempre ha sido una verdad que para obtener amor debes darlo primero, y Dios da todas las cosas desde el amor. Cuando damos, mostramos nuestra comprensión de la verdad de que el espíritu es el dador de todas las cosas.

No siempre es fácil resistirse al impulso de tomar y acumular. Estas tendencias nacen de la ignorancia de las leyes espirituales. A los niños les encanta dar y, si empiezan a dejar de hacerlo, ese comportamiento es un reflejo de las actitudes que ven en nosotros. Es posible que incluso un adulto que dice constantemente: «Aprende a compartir. Sé buena y dale un poco a tu hermanito. Sé una niña buena y recibirás algo a cambio», esté comunicando, a un nivel más profundo, su propio miedo persistente a la carencia y la escasez, y la necesidad que tiene su ego de poseer y aferrarse. Estas creencias profundamente arraigadas derrotan el espíritu del dar. Dedicar este día a dar es mucho más importante que lo que des en términos materiales.

Lunes con los niños

Excepto para los niños más pequeños, el lunes es un día escolar, de manera que discutimos la Ley del Dar en el desayuno y en la cena.

En el desayuno vemos el plan para el día; durante la cena hablamos de lo que hemos logrado y aprendido. Lo mismo se aplica a todas las otras leyes que se trabajan entre el lunes y el viernes. (Pero recuerda: los minutos de silencio que se practican el domingo se repiten cada día, durante los ratos en la mañana y en la tarde en los que practicas la meditación).

Las tres actividades para el lunes incluyen dar algo a algún miembro de la familia, recibir con gracia y realizar un breve ritual de agradecimiento.

1. Haz que sea una práctica de la familia hacer que cada miembro dé algo a alguien. Estos regalos no deberían estar muy planeados o trabajados. Acordarte de ofrecer una sonrisa, unas palabras de aliento, o ayuda con un quehacer es algo natural y sencillo. Es también algo que probablemente perdurará, ya que el simple hecho de dar dentro del hogar fomenta el deseo de servir. El éxito se combina con la realización cuando hay un amplio aspecto de servicio en él.

Algunas familias consideran que la cuestión de dar, compartir y servir puede representar un gran problema. Pero los niños quieren dar de una forma natural. Es desafortunado que la gente repita de manera irreflexiva la afirmación de que «los niños son egoístas por naturaleza». El egoísmo se da cuando el niño todavía no entiende cómo funcionan las cosas. Para un niño muy pequeño, soltar un juguete equivale a perderlo permanentemente; coger una golosina es una respuesta natural porque el niño pequeño todavía no sabe que hay más de una, o que la que hay se puede compartir.

Al observar a mis propios hijos cuando eran pequeños, descubrí que sus rostros se iluminaban cuando tenían la oportunidad de dar, y no porque pensaran que recibirían algo a cambio. Empezamos a dudar de que el Universo nos volverá a dar cosas sólo cuando en nuestras mentes se han grabado el miedo, la carencia, el abandono y la codicia. Sin estas improntas, es obvio que la vida es un fluir de cosas infinitas, algunas materiales y otras no. ¿Cuánto hemos tenido que pagar por el aire, la lluvia y el sol que sustentan nuestra vida?

Las personas que olvidan cómo dar han vuelto a un estado de conciencia primitivo: creen que si sueltan algo lo perderán para siempre. Olvidan que recibimos algo sólo porque el Universo quiere que experimentemos el significado interior que tiene para nosotros. En todo acto de recibir hay una lección espiritual. Las simples posesiones no son un sustituto de la satisfacción, el contento y la realización interior que normalmente las acompañan.

Deberías concentrarte con tus hijos en lo que se *siente* al dar. Para asegurarte de que la sensación sea placentera, primero trata el hecho de dar como si fuera compartir. Incluso un niño de

3 o 4 años puede sentir lo agradable que es darle a una amiga una golosina cuando tiene dos. A los niños mayores se les puede enseñar a dar cosas menos tangibles, como una sonrisa o una palabra amable, o ayudar a una persona necesitada. Establece estas cosas como metas para el día y, luego, durante la cena, hablad de cómo han ido las cosas.

En el caso de los niños de 12 años o más, el énfasis vuelve a cambiar. Ya son suficientemente grandes como para aprender a dar cuando no es tan fácil hacerlo, cuando uno siente la tentación de retener algo o de ser egoísta.

Es a esta edad cuando puedes explicarles que aferrarse a algo produce dolor en el corazón y hace que los demás te vean como una persona egoísta. Aprender a elogiar al ganador de un juego en el que acabas de perder, tratar a los extraños con amabilidad e incluirlos en tu grupo de amigos, y ofrecer ayuda con tacto, sin darte importancia, son lecciones apropiadas para los niños mayores.

2. Recibir con gracia es un arte que no puede fingirse. Si hay más felicidad en dar que en recibir, es mucho más difícil recibir que dar. Recibimos de mala gana por orgullo, porque pensamos que no necesitamos la ayuda, las limosnas o la caridad de nadie, o porque nos sentimos incómodos. Todas éstas son reacciones del ego y no hay ninguna necesidad de tenerlas cuando te das cuenta de que el que da no es nunca el que da, de la misma manera que el que recibe no es nunca el que recibe: ambos representan al espíritu.

Cada respiración es un regalo y, al darnos cuenta de ello, vemos que recibir algo de otra persona es un símbolo de recibir algo de Dios. Cada regalo es un gesto de amor que representa al amor divino y debería ser recibido como tal. En el caso de los niños más pequeños, esto no es un problema: les encanta recibir y no les cuesta nada iluminarse con gratitud.

En edades posteriores, la aparición de las necesidades del ego enturbia un poco el asunto. Todos hemos experimentado el «gracias» dicho a regañadientes por un niño que es obligado por sus padres cuando la gratitud no está presente. Esta actitud se puede cambiar únicamente haciendo que tus hijos continúen prestando atención a lo que se siente al recibir. Si se presta atención desde una edad muy temprana, la calidez y la felicidad naturales que se sienten al recibir no desaparecerán. Cualquier persona a cualquier edad debe sentirse agradecida para poder mostrar gratitud. Podemos alentar estos sentimientos enseñando que todas las cosas provienen de la fuente universal. Cada vez que recibimos, vislumbramos el amor divino, sin importar a través de quién esté actuando ese amor en un momento dado.

3. Un ritual de agradecimiento, compartido por toda la familia, es una bonita manera de agradecer el regalo que es la vida. Podríais cogeros de las manos a la hora de cenar y dar las gracias, no sólo por los alimentos que están en la mesa, sino también por todo lo que os ha sido dado ese día. Haz que cada miembro de la familia mencione una cosa, como por ejemplo, «Doy las gracias por la bella mariposa que he visto de camino a la escuela», «Estoy agradecido porque todos estamos bien y felices», «Agradezco que me hayan dado un papel en la obra de teatro del colegio», etc.

En muchas familias, el ritual de dar las gracias por los alimentos se ha vuelto anticuado, y la festividad de Acción de Gracias ha perdido el sentido que solía tener. Para revertir esto es necesario hacer un esfuerzo consciente, poniendo énfasis en la palabra *consciente*. Hace falta tomar conciencia para recordar que la vida es un regalo, por muy abrumados que podamos estar por otros pensamientos y otras actividades. La alegría y el entusiasmo que puedes sentir por el espíritu se reflejan luego en ti.

REFLEXIONES SOBRE
LA LEY DEL DAR

Todas las cosas buenas se mueven.
No les gusta estar encerradas en un lugar.

En el ciclo de la Naturaleza, el dar engendra el recibir,
y el recibir engendra el dar.

Todos ya hemos recibido el mayor regalo de Dios:
el potencial de crecer.

Cuando das, estás mostrando tu aprecio
a la fuente de todas las cosas.

Sólo conservamos aquello que damos.

Martes

es el día del «Karma».

Hoy les decimos a nuestros hijos:
«Cuando tomas una decisión, cambias el futuro».

El martes acordamos como padres hacer lo siguiente con nuestros hijos:

1. Hablar de alguna decisión que hayan tomado.

2. Mostrarles de qué manera nuestro futuro ha cambiado por una decisión que tomamos en el pasado.

3. Explicarles lo que está bien y lo que está mal en términos de lo que las decisiones nos hacen sentir.

He puesto la palabra «karma» entre comillas porque es un término especializado, pero cualquier ejemplo de causa y efecto entra en este apartado. Preguntas como, por ejemplo, «¿Por qué debería escoger esto en lugar de eso?» o «¿Qué pasará si abordo este problema de esta forma en lugar de esta otra?» se presentan cada día en la vida de los niños, y deben saber que cada decisión que toman conduce a unos resultados que serán buenos o malos para ellos. En otras palabras, cada decisión que se toma cambia el futuro.

En términos simples, el karma suele interpretarse como algo que trae recompensas para las buenas acciones y castigos para las malas. Los padres traducen esto en un sistema de recompensas y castigos, sin enseñar lo que es realmente importante: que la propia Naturaleza se encarga de estos asuntos. Hay un cínico dicho popular que dice: «la vida no es justa», cuando desde el plano del karma la realidad es exactamente la opuesta. La vida es absolutamente justa. Pero el obrar de la vida puede ser profundo y oculto, y las causas pueden tener efectos en muchos niveles. Depende de nosotros no juzgar qué resultado merece una acción, sino observar detenidamente cómo funciona el Universo de causa y efecto, y luego modelar nuestro comportamiento en consecuencia.

Aquí las Siete Leyes Espirituales parecen entrar en conflicto con la idea generalizada, pues la Ley del Karma afirma que no hay injusticias, ni accidentes, ni victimización, sino que todas las cosas están ordenadas de acuerdo con un ineludible sistema de causa y efecto cósmico. El karma no es fatalismo; no dicta que las personas deben sufrir, lo que dicta es que el libre albedrío es absoluto. No hay ningún poder divino que nos impida tomar malas decisiones, como tampoco hay una cláusula de escape que anule la regla universal de que «uno cosecha lo que siembra».

El karma, por lo tanto, implica conciencia en varias áreas: observar cómo tomas decisiones, evaluar su resultado y escuchar a tu corazón, el lugar donde señales emocionales sutiles te indican cuándo las acciones son buenas o malas. Podemos comunicar todas estas estrategias a los niños cuando les enseñamos a tomar decisiones. La decisión en toda su complejidad es crítica para el éxito en la vida, porque el «éxito» es tan sólo un nombre con el que designamos los resultados deseables que queremos alcanzar a través de nuestros actos.

Martes con los niños

Las tres actividades para el martes se centran en hablar sobre las decisiones: cómo las tomamos, cómo cambian nuestras vidas y qué resultados esperamos cuando elegimos un camino en lugar de otro.

1. Habla con tus hijos sobre alguna decisión que hayan tomado hoy. Naturalmente, aquí, el cielo es el límite porque cada momento está lleno de opciones; es suficiente con que alientes cualquier cosa que se les venga a la mente. Cualquiera que sea la elección (hacer un nuevo amigo, gastar dinero en algo, decidir no jugar con A o B), empezad a explorar qué ocurre cuando se toma una decisión. Sin establecer reglas inviolables (las cuales matarían la espontaneidad de la discusión), puedes comenzar a enseñar a tus hijos los complejos mecanismos de causa y efecto, de sembrar y recoger.

Cuando se hable de una decisión, examinadla detenidamente y planteaos preguntas del tipo: «¿Cómo te has sentido?», «¿Qué crees que ocurrirá ahora?», «¿Qué harás si eso sucede?». Las decisiones son del todo personales y, aunque te sientas tentado a tratar de controlar las decisiones de tus hijos en lo relativo a los compañeros de juegos, las actividades, los *hobbies*, las asignaturas escolares, etc., la mejor manera de usar tu influencia es haciendo que tus hijos se conviertan en personas que toman decisiones con sensibilidad y conciencia.

En el caso de los niños más pequeños, las decisiones suelen ser sencillas e indiscriminadas. En cuanto aprenden a hablar, los niños suelen decir automáticamente: «Déjame hacerlo», «Lo quiero hacer yo» y cosas por el estilo. Se trata de una afirmación de la voluntad, y ésta es lo que impulsa las decisiones. Sólo más adelante, el niño comienza a ver que las decisiones tienen consecuencias.

Al ego no le gusta no poder salirse con la suya, y sería el gobernante absoluto de nuestras vidas si las acciones que no son adecuadas para nosotros no tuvieran resultados negativos. Por lo tanto, el karma nos enseña constantemente a distinguir entre lo que queremos y lo que sabemos que es bueno para nosotros.

Este tema aparece de una forma natural en la vida de los niños. Todos ellos quieren más de lo que reciben, y nuestra tarea consiste en mostrarles que la elección no es un flujo interminable de exigencias obstinadas. El Universo escucha nuestras elecciones más profundas. Elegir el amor y la verdad, por ejemplo, es algo muy profundo y trae buenas recompensas. Elegir el egoísmo es superficial y, en consecuencia, trae pocas recompensas.

No creo que usar la celebrada frase «Toda buena obra es su propia recompensa» ayude, pues da a entender que el Universo es ciego o no presta la suficiente atención. Todos los maestros espirituales han afirmado que Dios, o el espíritu, recompensa la virtud; que nada queda sin recompensa, en el sentido de que ninguna acción ocurre en un vacío. El karma es un sistema de computación que devuelve lo que ponemos, pero con una medida de gracia añadida. Si tuviésemos una visión omnisciente a todos los niveles, como la tiene Dios, sin duda, aceptaríamos cualquier resultado supuestamente negativo, porque veríamos que *nada mejor se podía derivar*.

El hecho de que cada acción conduce al mejor resultado posible es una ley que se conoce como gracia. *Gracia* es la forma amorosa en que Dios organiza el tiempo y el espacio. Nos permite tener el libre albedrío para hacer cualquier cosa que deseemos, y el resultado de nuestros actos, ya sea agradable o desagradable, llega a nosotros en el momento perfecto para que aprendamos de lo que decidimos hacer. En otras palabras, cualquier cosa que nos ocurre refleja la amorosa custodia de nuestro bienestar.

Por lo tanto, los niños necesitan aprender que el placer y el dolor no son la guía definitiva para determinar si una acción es buena o mala para ellos. Mediante la observación del funcionamiento de causa y efecto, el niño se da cuenta gradualmente de que la vida es un proceso de aprendizaje en muchos niveles. En numerosas ocasiones, una acción puede ser juzgada solamente según si provoca placer o dolor, pero en otras muchas entran en juego otros factores.

2. A medida que los niños van creciendo, resulta de gran ayuda contarles historias acerca de las decisiones que han afectado a tu propia vida. Instintivamente, los niños saben que la vida es una aventura. Es posible que tengan que aprender que el futuro depende de las decisiones que tomen, pero emocionalmente intuyen que los adultos han tomado muchas decisiones importantes.

Cuando hables de las decisiones que tomaste, no las expreses con arrepentimiento. Decirles, «Hice eso mal, así que me aseguraré de tú no lo hagas jamás» puede ser algo bienintencionado, pero has de saber que tus hijos probarán un poco de todo. Eso es inevitable. Además, el deseo de los padres es siempre que los hijos tengan más opciones, no menos, y tener más opciones puede ser algo abrumador, a menos que vaya acompañado de la capacidad de escoger.

3. Habla con tus hijos acerca de lo que se siente al tomar una decisión en lugar de otra. La niñez es la etapa en la que decidimos por primera vez si los resultados son más importantes que las emociones. Por lo tanto, las discusiones tienden a adoptar una forma familiar: «Habéis ganado el partido porque no has escogido a ese niño debilucho para tu equipo, pero ¿cómo te has sentido cuando lo has mirado? Y él, ¿cómo se ha sentido? o «Tus amigos te pidieron que faltaras a clase, y ahora tienes miedo de que piensen que eres un cobarde. Pero ¿cómo te hubieras sentido sabiendo que no estabas donde debías estar?» o «No has ordenado tu habitación cuando te lo he pedido. ¿Cómo te sientes por eso?».

Usualmente, el factor fundamental para tomar buenas decisiones no es el motivo racional para hacer una cosa y no otra, sino cómo te hace sentir cada una de las opciones. Esto se debe a que, en términos espirituales, la intuición es una facultad más sutil que la razón. Evaluar la causa y el efecto es algo más emocional que intelectual: el corazón nos dice cuándo un acto es correcto o incorrecto, o bien cuándo está en una zona gris de duda.

Puedes enseñar a tus hijos, desde una edad muy temprana, a que perciban si el hecho de obrar mal hace que se sientan mal. Más adelante puedes introducir el concepto de tener conciencia y, por último, después de los 12 años, aproximadamente, puedes empezar a discutir los aspectos más abstractos de la forma en que los actos y los resultados están íntimamente ligados. No quiero decir que les enseñes la idea que encierra esta frase: «Si haces algo mal tienes que pagar por ello», pues esto implicaría que todos vivimos bajo la amenaza divina. No hay ninguna amenaza divina; el único motivo por el cual ciertos resultados negativos parecen surgir de la nada es que no estamos en contacto con los niveles más profundos de la Naturaleza. Violamos las leyes espirituales por ignorancia.

Dado que somos una sociedad orientada a los resultados, y en la que los elogios y la fama llegan a personas que han alcanzado el éxito de maneras que son dañinas para ellas mismas y para los «demás, el valor del corazón del karma suele ser pasado por alto. Sin embargo, recientemente, el concepto de la «inteligencia emocional» se ha puesto de moda y ésta se ha vinculado al éxito. La inteligencia emocional se centra en la empatía;

nos dice que un acto afectará a alguien, y sentimos con antelación lo que esa persona va a sentir. Las decisiones que se toman para favorecer el bienestar de otras personas tienden a tener más éxito que aquellas que se toman únicamente por interés propio. Éste puede ser un descubrimiento sorprendente en una cultura materialista, pero es totalmente predecible a través de la Ley del Karma. Preguntarle a tu hijo, «¿Cómo hace que te sientas esa decisión?» y «¿Cómo hizo que se sintiera la otra persona?» es primordial tanto para la inteligencia emocional como para tener un buen karma.

Un aspecto fundamental de la inteligencia emocional es aprender a retrasar la gratificación inmediata. Los niños que aprenden a ser pacientes, a esperar los resultados en lugar de obtener ganancias inmediatas, son mucho más exitosos en la vida que aquellos que tienen que satisfacer todos sus caprichos de inmediato. Esto se aplica especialmente a las relaciones, ya que aprender a ver más allá de nuestras propias reacciones inmediatas es el primer paso hacia la empatía, y sin empatía por los sentimientos de la otra persona es imposible tener una relación duradera.

En un plano espiritual, la inteligencia emocional está ligada al tema, sumamente importante, de los límites del ego. Si sientes que eres una persona aislada en el tiempo y el espacio, desconectada de los demás, no hay motivo para obedecer directriz alguna, excepto la de tus propios impulsos. Pero si ves que tu ego no es tu verdadero yo, que tu ser se extiende sin límites por toda la Naturaleza, entonces, te puedes permitir actuar de una forma altruista, no egoísta, empática, porque te das cuenta, en lo más profundo de tu ser, que «tú» y «yo» son uno. Por lo tanto, los actos no están limitados a lo que «yo» quiero y los resultados no están ligados a lo que me pasa a mí.

Hay un fluir general de la vida que incluye a todas las personas en un propósito divino mayor. Es sumamente valioso enseñar a los niños a observar este fluir, a ver cómo sus vidas encajan en el Universo como una célula encaja en el cuerpo. Las lecciones de la inteligencia emocional pueden extenderse mucho más allá de las emociones hasta el ámbito de toda acción y reacción.

En términos prácticos, lo que hacemos en este día es observar nuestras reacciones inmediatas y luego preguntarnos, «¿Esto es todo lo que hay en una situación?». Expón la idea de que todas las situaciones contienen aspectos que van más allá de lo que cualquier persona puede llegar a ver. ¿Cómo consideran otras personas esta situación? Por ejemplo, ¿cómo se ha sentido la niña cuando le ha ganado tu hija? ¿Cómo se siente tu hija cuando alguien hiere sus sentimientos? Muéstrales que es posible empatizar poniéndose en el lugar del otro. Mediante estas sencillas instrucciones para observar cómo funcionan las cosas, puedes hacer que el karma sea algo muy real y concreto.

Ninguna deuda queda sin pagar en el Universo.

No te lamentes por lo que has perdido: sólo puedes perder lo que es irreal y, cuando eso ya no esté, quedará lo real.

Para atraer el amor y la felicidad, haz lo que puedas para dárselos a los demás.

Si no ves un resultado inmediato de una buena o mala acción, sé paciente y observa.

Miércoles

es el día del Menor Esfuerzo.

Hoy les decimos a nuestros hijos:
«No digas que no: fluye con la corriente».

El miércoles acordamos como padres hacer lo siguiente con nuestros hijos:

1. Encontrar el aspecto lúdico, como mínimo, en una tarea.

2. Reducir el esfuerzo necesario para lograr algo importante.

3. Pensar en maneras en que la Naturaleza nos ha ayudado.

La simple frase «fluye con la corriente» es, en realidad, muy significativa desde el punto de vista espiritual. El antiguo filósofo griego Heráclito declaró que la vida es como un río: nadie puede bañarse dos veces en las mismas aguas. La existencia siempre es nueva y, sin embargo, nos sentimos tentados a reaccionar como lo hemos hecho siempre. Cuando descubrimos que nos resistimos a algo (lo cual, básicamente, significa decir «no»), por lo general, estamos tratando de imponer una vieja creencia o un viejo hábito en una situación nueva.

La Ley del Mínimo Esfuerzo nos invita a reconocer la novedad de la vida, permitiendo que se desarrolle sin interferir. Nos dice que debemos permanecer en el presente, buscar la ayuda de la Naturaleza y dejar de culpar a otras personas u otras cosas fuera de nosotros. En el fluir, el espíritu ya está organizando millones y millones de detalles que sostienen la vida (desde los procesos infinitos necesarios para mantener viva a una célula hasta las inmensas complejidades de un Universo en evolución). Al conectar con el espíritu, manejamos este poder organizador cósmico y lo aprovechamos.

Para muchos adultos, sin embargo, el concepto del mínimo esfuerzo les resulta difícil de comprender. La tecnología intenta constantemente encontrar maneras de reducir la carga de trabajo mediante el uso de máquinas más eficientes, pero traducir esto al nivel humano no es fácil. El mayor obstáculo es la ética laboral, la cual sostiene que, cuanto más trabajo, mayores recompensas. Pero en esta idea hay dos errores. El primero es que la Naturaleza opera mediante el mínimo esfuerzo: las leyes de la física establecen que cualquier proceso, desde los giros de un electrón hasta los de una galaxia, debe funcionar de acuerdo con el gasto más eficaz de energía, con la menor resistencia. El segundo es que el avance humano siempre se produce gracias a las ideas, la inspiración y el deseo. Éstos ocurren de una forma espontánea; ninguna cantidad de trabajo puede forzar la inspiración o el deseo, o incluso ideas consistentemente buenas.

Aunque nos cuesta dejarnos llevar, para los niños es algo muy natural. No es necesario darles ninguna instrucción antes de los 6 años, aproximadamente, ya que los niños pequeños siguen de inmediato el camino de la menor resistencia: cogen lo que quieren, dicen lo que tienen que decir y expresan la emoción que surge en el momento. Y su principal actividad no es trabajar, sino jugar. Podemos presentarles a los niños mayores las ideas interrelacionadas de no resistirse, no defenderse y asumir la responsabilidad por la forma en que uno elige trabajar. La *aceptación* es esencial porque, al oponer resistencia, desperdiciamos mucho esfuerzo. La indefensión está ligada a la aceptación, en el sentido de que tener que defender tu punto de vista crea conflicto y caos, y ambas cosas son un gran desperdicio de energía.

Tratar de salirnos con la nuestra es una tentación a la que pocos podemos resistirnos, pero la Ley del Mínimo Esfuerzo nos dice que podemos conseguir lo que deseamos a través de otros medios que no son el esfuerzo y el conflicto. Podemos seguir el fluir del espíritu, sabiendo que su infinito poder organizador se encargará de satisfacer nuestros deseos. Así pues, la Ley del Mínimo Esfuerzo trae fe y paciencia. A todos nos enseñan que la lucha y el esfuerzo son la ruta hacia el éxito. En realidad, es mucho más importante tener fe en tus propios deseos. Cuando das por sentado que otras personas existen para impedir que logres lo que quieres, no tienes otra opción más que estar defendiéndote constantemente. Enseñarle a un niño que hay un poder que concede los deseos, que tiene un alcance mucho mayor que el poder de otras personas, es una lección muy valiosa.

El tercer elemento en la Ley del Mínimo Esfuerzo es la responsabilidad. A los niños también se les debería enseñar que el éxito y la realización vienen de dentro, y lo único que importa es nuestro interior. Cada uno de nosotros es responsable de cómo se siente, lo que desea y cómo decide abordar los desafíos de la vida. La mayor responsabilidad se cumple, no haciendo una gran cantidad de trabajo, sino realizando el trabajo del espíritu con una actitud de alegría y creatividad. Ésta es la única manera como es posible llevar una vida sin esfuerzo.

Miércoles con los niños

Las tres actividades para el miércoles son encontrar el juego en una tarea, reducir la carga de trabajo e identificar maneras en las que la Naturaleza nos ayuda.

1. Las antiguas escrituras védicas de la India dicen que todo el cosmos es un *lila*, o juego de los dioses, lo cual significa que éste es un Universo recreativo. Al encontrar el juego en al menos una tarea en el día de hoy, estás enseñando a tus hijos la forma divina de abordar el trabajo. En la mayoría de los casos, vosotros como padres podéis convertir una tarea en una actividad lúdica eliminando las presiones que obstaculizan el juego. Éstas incluyen las advertencias, las amenazas, presionar con el tiempo, inculcar el sentimiento de culpa y ofrecer dinero u otras recompensas por el trabajo realizado.

A pesar de tu propia ética de trabajo arraigada, existen ciertas verdades espirituales en relación con el trabajo:

El espíritu no te culpa por el trabajo no realizado.
La vida no depende de si algo se hace o no se hace.
El trabajo no es la fuente de la felicidad.
Tu actitud hacia tu trabajo, no la tarea en sí misma,
   es lo primero.

Así pues, una tarea que se realiza cuando uno se siente relajado y cómodo en relación con ella es una tarea bien hecha. Lo opuesto a esta actitud es el perfeccionismo. Éste hunde sus raíces en el miedo y el control. Enmascara el sentimiento oculto de que «no sobreviviré sin no hago esto exactamente como Dios quiere que lo haga», insinuando que Dios es un capataz que culpa y no un ser amoroso.

En realidad, Dios quiere que disfrutes de este Universo recreativo, y, cuanto antes enseñes a tus hijos que hacerlo está bien, mayores probabilidades les estás dando para ser exitosos. Por definición, las personas exitosas disfrutan de lo que hacen. Han encontrado la única manera de estar en «la zona» o de «fluir», que es relajarse. La relajación es el prerrequisito para esa expansión interior que permite que una persona exprese la fuente de inspiración y alegría que yace en su interior.

Ahora que eres consciente de esto, sé un ejemplo para tus hijos convirtiendo cualquier tarea (pasar el aspirador por la alfombra, ordenar su habitación, cortar el césped) en un juego o en una fuente de estimulación. Puedes cantar una canción mientras sacas la basura o inventar un poema mientras lavas los platos.

Los juegos requieren un poco más de inventiva: «Hoy no sólo pasaremos el aspirador; también buscaremos fantasmas. ¿Sabíais que los fantasmas huyen de los aspiradores? No los pueden soportar». Con esto como comienzo, haz que uno de tus hijos sea el fantasma. Después de que el fantasma se haya escondido, el niño que aspira va a la habitación designada y trata de hacer que el fantasma salga pasando el aspirador debajo de la cama, dentro del armario, detrás del sofá, etc. Una vez que hayáis encontrado al fantasma, puedes intercambiar los roles y ser el fantasma en la siguiente habitación. (Si tienes un solo hijo, recorta la figura de un fantasma en papel y escóndela en algún lugar, o recorta 5 figuras y ofrece un premio si encuentra más de cuatro).

Inventar juegos es una buena manera de revertir nuestra propia tendencia a olvidar que la vida debería abordarse como un juego, reflejando el juego divino del cosmos. El proceso de maduración puede llegar a ser adormecedor e, incluso, agotador. Para combatir esta tendencia, busca el aspecto lúdico en tus propias actividades, la alegría en el corazón del trabajo. Muestra tu propio disfrute a tus hijos y, en cuanto la tarea deje de ser divertida o el juego se vuelva aburrido, deja de trabajar. Un trabajo bien hecho no le hace daño a nadie, pero el que se hace con una actitud de cansancio, esfuerzo e imposición no vale la pena. Los resultados de ese trabajo estarán empañados por la negatividad que los acompaña.

2. Dedica unos minutos a que toda la familia se concentre en reducir los esfuerzos, las tensiones y el desgaste. Hablad durante la cena de las ocasiones en las que han surgido soluciones que han sido mucho más fáciles de lo que creísteis en un principio. El sentido de esto es disipar la idea, que nos bombardea por todos lados, de que la vida es un problema. En términos espirituales, la vida no es problemática; sólo nuestras actitudes hacia ella lo son. Tus hijos van a oír a muchas personas decir, durante todo el día, que las cosas son duras, complicadas, difíciles e, incluso, abrumadoras. (Si crees que esto no les ocurre a los niños de primaria, basta con que escuches las entrevistas realizadas a los niños de tercero y cuarto en las que se quejan de la presión para tener éxito que ya les está estropeando la posibilidad de ser felices y los obliga a lidiar con el estrés a unas edades inconcebibles).

En ocasiones, para reducir la cantidad de trabajo en una situación dada, es necesaria una solución mecánica, como usar un ordenador más potente para resolver un problema técnico, pero con frecuencia lo que se necesita es un cambio de actitud. Nada es más eficiente que el espíritu. Cuando puedes invocar al espíritu, tienes más posibilidades de tener éxito que en cualquier otra circunstancia. El espíritu es plenitud creativa; por este motivo la palabra *genius* en latín significa también 'espíritu'.

En la práctica, invocar al espíritu significa:

- Estar de buen humor para trabajar.
- Abordar las tareas con una confianza relajada.
- No tensarte o exigirte demasiado físicamente (por ejemplo, acostarte tarde, trabajar horas extra, no descansar, no comer y no beber suficientes líquidos).
- Meditar regularmente.
- Pedir inspiración, y ser paciente hasta que llegue.
- No resistirte a los cambios en una situación dada.

- No exigir que las cosas se hagan a tu manera.
- No dar por sentado que sabes la respuesta de antemano.

Repasad estos puntos durante la cena para reforzar los hábitos que quieres que tus hijos desarrollen.

3. Cuando el espíritu, o la Naturaleza, acude a nosotros para ayudarnos con una tarea, su llegada suele ser silenciosa y pasar desapercibida. Por lo tanto, es bueno hacer que los niños empiecen a percibirlo lo antes posible. «¿Se te ha ocurrido alguna idea nueva hoy?», «¿Te ha sorprendido lo fácil que ha resultado ser algo que creías que iba a ser difícil?». Puedes empezar con preguntas como éstas y luego ofrecer tus propios ejemplos. Deberías poner el énfasis en las soluciones creativas que hicieron que te sintieras inspirado, por muy triviales que parezcan. Fomentar esta actitud desde una edad muy temprana despeja el camino para la inspiración en los años venideros.

Reflexiones sobre
la Ley lel Mínimo Esfuerzo

*Pon esfuerzo en organizar tu vida, pero recuerda
que la Naturaleza es la organizadora suprema.*

No trates de encauzar el río.

*Cuando la Naturaleza es más productiva y creativa,
no trabaja: juega.*

El mejor trabajo fluye sin esfuerzo alguno.

En definitiva, oponer resistencia a la vida nunca funciona.

Deja que los dones del espíritu lleguen a ti.

Jueves

es el día de la Intención y el Deseo.

Hoy les decimos a nuestros hijos:
«Cada vez que anhelas o deseas algo,
estás plantando una semilla».

El jueves acordamos como padres hacer lo siguiente con nuestros hijos:

1. Enumerar claramente todos nuestros deseos para la semana.

2. Soltar nuestros deseos para que la Naturaleza los haga realidad.

3. Estar alerta en el momento presente, donde tiene lugar toda realización.

Hacer realidad nuestros deseos es la esencia del éxito, y la forma en que aprendimos a hacerlo procede de la niñez. El deseo es un asunto enredado. Suscita interrogantes ocultos acerca de cuánto nos merecemos, cuán buenos somos realmente, si Dios quiere que tengamos éxito, etc. De hecho, son tantas las preguntas que origina el deseo que ningún padre puede responderlas todas de antemano. El éxito y el fracaso son experiencias sumamente personales y están del todo ligadas a quién piensas que eres en realidad, en lo más profundo de tu ser.

Por lo tanto, como padres, debemos sentar unas bases muy sólidas de autoestima para las innumerables experiencias de éxito y fracaso que tendrán nuestros hijos durante su crecimiento. En un plano espiritual, el deseo nunca es negativo; nacemos como criaturas de deseo. Sin él, no querríamos crecer. Otros seres vivos no tienen que desear crecer, porque para ellos el proceso es genético; sin embargo, para los humanos, el deseo de crecer lleva a la mente a la fuente de amor, paz y poder infinitos, que es la meta misma de la vida.

Los niños necesitan aprender que el deseo es el camino que conduce a Dios, y la intención es la herramienta principal en ese camino. Lo que te propones determina lo que obtienes. Aunque parece una paradoja, debes tener una visión del futuro para que éste te sorprenda, porque sin esa visión la vida se reduce a rituales y repetición. Un futuro que tan sólo repite el presente nunca nos sorprenderá.

El proceso espiritual por el cual los deseos se hacen realidad no ocurre de una forma tan espontánea como el deseo mismo. Es un proceso que debe ser enseñado. La falta de éxito en la vida se debe, por lo general, a la confusión mental. Por ejemplo, no nos damos cuenta de hasta qué punto nuestros deseos entran en conflicto, lo cual hace que enviemos mensajes contradictorios involuntariamente al Universo.

Una persona fracasada que desea tener salud, pero al mismo tiempo no quiere responsabilizarse de su propia salud, esencialmente, está enviando un mensaje contradictorio al ordenador cósmico, pero, por lo general, no es consciente de ello. Aquí coexisten dos deseos contrarios: «Quiero tener riqueza» y «No quiero ver la realidad de mi situación». Entonces, la falta de conciencia hace que uno culpe de su fracaso a una persona o circunstancia externa, cuando, en realidad, la Naturaleza está respondiendo a cada deseo. Lo que ocurre es que los deseos son débiles, no están centrados y se contradicen unos a otros.

Ser consciente de lo que deseas es el primer paso en el proceso de desear y, sin embargo, es increíble la cantidad de gente que ignora algo tan obvio. Tus hijos tienen muchos niveles de deseo de los que posiblemente no son conscientes, y lo mismo nos ocurre a los adultos. Los deseos no siempre se presentan con claridad, y rara vez surgen por sí mismos, pues se mezclan libremente con la fantasía, los sueños, los anhelos y las proyecciones. Además, desear es un proceso que llega en oleadas continuas que se superponen unas a otras. Todos trabajamos para conseguir grandes deseos que tardan meses y años en realizarse juntamente con otros deseos más pequeños que se ven hechos realidad en tan sólo unos días, unas horas o unos minutos.

Cuanto más específicos sean tus hijos con sus intenciones, más fácilmente podrán ordenar sus vidas, ya que el orden comienza en la mente.

Jueves con los niños

Las tres actividades para el jueves se centran en definir la mecánica del deseo: enumerar o declarar los deseos de la forma más específica posible, lanzarlos al Universo, confiar en que la mecánica de la creación te traerá un resultado y permanecer alerta al momento presente, que es donde todos los resultados tienen lugar.

1. Hoy, haz que todos los miembros de la familia elaboren una lista de deseos para la semana siguiente y pégala en la nevera. (Puedes comenzar esta actividad cuando los niños tengan 9 o 10 años; los niños más pequeños lo interpretarían simplemente como hacer una lista para Papá Noel, porque todavía no son capaces de comprender la mecánica de la intención).

Al guiar a tus hijos en la elaboración de las listas, hazles preguntas como: «¿Qué es lo que más deseas para esta semana?», «¿Qué es lo que más deseas para alguien en concreto?», «¿Qué te gustaría que ocurriera en la escuela?». Trata de evitar la tendencia a que la lista se convierta simplemente en una serie de adquisiciones (es decir, una nueva bicicleta o un videojuego).

En lugar de eso, diles que el Universo siempre nos está dando una gran cantidad de resultados y recompensas que tienen su origen en nuestros anhelos y deseos. Éstos son como semillas, y las cosas que nos ocurren brotan de esas semillas. Algunas semillas tardan mucho tiempo en germinar (por ejemplo, un niño que siente la inspiración de tocar el piano puede estar plantando una semilla que crecerá durante toda su vida). Siempre estamos trabajando por ver realizados deseos grandes y pequeños, pero no todos pueden hacerse realidad al mismo tiempo. Cada deseo tiene su propio ciclo, su propia forma de hacerse realidad.

Alienta a tus hijos a desear la felicidad y la realización, la ausencia de conflictos y luchas, y a tener otras recompensas espirituales como deseos principales. Pero fomenta también la germinación de las semillas que consideres valiosas en cualquier nivel: un talento en ciernes, una buena tendencia en la escuela o en las relaciones personales, ser menos tímido o mejor en algún juego o alguna asignatura, por ejemplo.

¿Y qué ocurre con los niños más pequeños, que todavía no están preparados para hacer listas o pensar en los deseos como intenciones? Prueba un enfoque más concreto: planta una semilla de judía y diles que, si quieren que la plántula crezca, deben ayudarte a regarla y a cuidar de ella. La metáfora de la semilla es aplicable a cualquier edad, ya que se relaciona directamente con la mecánica de la Naturaleza.

2. Lanzar tu deseo no es la cosa más fácil de entender para los niños, especialmente si han desarrollado el hábito de ver a sus padres como la fuente de todas las cosas que desean. Muchos padres, al enfrentarse a unos hijos que tratan de obtener cosas a través de ellos continuamente, se sentirían horrorizados ante la idea de enseñarles a desear más.

Pero el objetivo es desear *de una forma más eficiente*. Lanzar un deseo al Universo contribuye a ser eficientes, porque hacer que los anhelos y los deseos se cumplan nunca depende sólo de una persona.

El éxito puede llegar desde cualquier dirección.

Cuando te das cuenta de esto, puedes enseñar a tus hijos el principio de la expectación paciente. Es decir, cuando sabes lo que quieres, puedes mantenerte relajado. Los deseos superficiales, triviales, simplemente desaparecerán, pero aquellos que son sinceros y profundos serán sustentados por la Naturaleza. Enseña a tus hijos que los deseos que se guardan en el corazón se hacen realidad con mayor rapidez que los que difundimos constantemente hablando de ellos o exigiendo cosas a otras personas.

3. En cualquier momento del día, algún deseo está en proceso de convertirse en realidad. Las viejas semillas que plantamos (y de las que quizás nos olvidamos) están produciendo resultados, mezclados con los inicios de resultados más grandes que llegarán en el futuro. Lo importante es lograr que tus hijos sean conscientes de que el Universo (o el espíritu, o Dios) siempre está escuchando; que no estamos solos. Se nos está prestando atención continuamente.

Una forma sencilla de permanecer atentos a la respuesta del Universo es poner marcas en las listas que has colgado en la puerta de la nevera. Pide a tus hijos que te informen de cómo se está haciendo realidad cada deseo a lo largo de la semana. Puedes hacerles una pregunta alentadora como: «¿Te ha ocurrido algo muy bonito hoy?», y luego hazles ver cómo encaja la respuesta con su lista para esa semana.

Estar alerta en el momento presente es el fertilizador que permite que los deseos se sigan haciendo realidad.

La mayoría de los deseos se cumplen en una serie de etapas pequeñas, no de golpe; esto lo vemos especialmente en las semillas que, una vez plantadas, continúan creciendo durante años. Cada paso de la realización llega a su debido tiempo, en su debido momento. Por lo tanto, al estar siempre alertas, recibimos los resultados de nuestros deseos. Un ejemplo sencillo es la felicidad.

Todo el mundo quiere ser feliz, pero muchas personas esperan alguna epifanía o un estallido repentino de alegría que durará para siempre. La verdadera felicidad no es así; es un estado de bienestar al que debes estar atento. De lo contrario, el momento pasará desapercibido o se camuflará en las cosas externas que parecen estar haciéndote feliz (o infeliz). Así pues, permanecer alerta en el momento presente es algo que ocurre en tu interior; buscar continuamente la realización de los deseos fuera de ti es perderte el eje real de la realización.

Muchos niños más pequeños no tienen la capacidad de atención para seguir un deseo desde el inicio hasta su realización, pero se les puede enseñar que desear algo no tiene que incluir exigencias, lloriqueos y malestar si el deseo no se hace realidad inmediatamente. En esta etapa inicial, si permaneces atento a los deseos de tus hijos, actuarás como un sustituto de la Naturaleza. Si tus hijos confían en que prestas atención a sus deseos y sienten la seguridad de que quieres satisfacer sus necesidades, ése es un buen comienzo para que en el futuro confíen en la Naturaleza.

Los niños mayores tienen la capacidad de observar con mayor detenimiento y durante más tiempo. Se les puede enseñar que el deseo es un mecanismo que se origina en el corazón y no tiene que ser perseguido en el mundo exterior. El camino de nuestros deseos es natural —trabajamos por cosas que producen la realización más profunda, que se alinean con nuestros talentos y nuestras habilidades–. El deseo se convierte así en su propio maestro, mostrándole al niño cómo seguir su orientación interior.

«¿Esto es lo que realmente quieres?», es una pregunta apropiada para empezar a plantearla a los niños que están en los últimos años de escuela primaria, y sigue siendo relevante durante toda la vida. Si la respuesta es afirmativa, entonces, el niño tiene que aprender que su deseo es suficiente para satisfacer a Dios. La intención divina se alinea con la intención humana cuando el deseo es puro, concentrado y beneficioso para el crecimiento espiritual. Los deseos que no se hacen realidad carecen de alguno de estos ingredientes o simplemente necesitan más tiempo.

*Valora las cosas buenas que deseas para ti,
ya que el deseo es el camino hacia Dios.*

*Cada hecho que te ha desconcertado hoy tiene su origen
en una intención de ayer.*

El espíritu no puede satisfacer ningún deseo hasta que lo liberas.

*Tan específica, clara y pura como sea tu intención,
así de claro será el resultado que obtendrás.*

Viernes

es el día del Desapego.

Hoy les decimos a nuestros hijos:
«Disfrutad del viaje».

El viernes acordamos como padres hacer lo siguiente con nuestros hijos:

1. Hablar de tu verdadero «yo».

2. Mostrarles que la incertidumbre puede ser buena: nadie debe tener todas las respuestas.

3. Enseñarles a mantener el equilibrio emocional a pesar de las pérdidas y las ganancias.

«Disfruta del viaje» es una expresión positiva que contiene una idea que no es popular en nuestra sociedad. Las palabras tienen distintos valores en las diferentes culturas, y no hay mejor ejemplo de ello que la palabra *desapego*. Durante miles de años, especialmente en Oriente, la palabra *desapego* ha tenido siempre connotaciones positivas, pues designa la capacidad de encontrar la felicidad más allá del juego del placer y el dolor. Sin embargo, en Occidente nuestra intensa fijación en alcanzar metas materiales ha hecho que esta palabra tenga una connotación negativa, pues se la asocia a la indiferencia, la apatía y la falta de participación.

No cabe duda de que la actitud oriental puede degenerar en fatalismo y falta de iniciativa, pero en su significado más puro, *desapego* significa participación intensa y creatividad, aunque con el acatamiento del resultado. Ambas cosas son necesarias para la felicidad: la participación apasionada nos proporciona la felicidad de usar nuestra creatividad y el acatamiento reconoce que todos los resultados dependen del Universo, no de nuestro «yo-ego» limitado. Una persona sabia está desapegada del drama del mundo material porque se concentra en la fuente en la que se originan todas las dualidades de luz y oscuridad, bien y mal, placer y dolor.

Dado que va tan en contra de nuestro sesgo cultural, el desapego no es el principio más fácil de enseñar. Podemos comenzar explicando lo que no es el desapego.

Desapego no es que algo no te importe.
Desapego no es decir que algo no es tu responsabilidad cuando sí lo es.
Desapego no es ignorar las necesidades y los sentimientos de los demás.
Desapego no es buscar continuamente ser el número uno.

Enseñar a tus hijos a evitar estas cosas es una buena manera de iniciarlos en el camino del desapego. La mayor parte del tiempo sentimos la tentación de apegarnos a algo, poniendo siempre el rótulo de «yo» o «mío». Aferrarnos a nuestras cosas, a nuestro trabajo, a nuestras opiniones, a nuestro orgullo, etc., siempre es consecuencia del miedo. Tenemos miedo de que el Universo se muestre frío e indiferente con nosotros y, por lo tanto, contraemos toda nuestra energía alrededor de ese «yo» que supuestamente nos va a proteger.

Sin embargo, la contracción del ego impide precisamente la libre expansión que nos permitiría hallar nuestra conexión con el espíritu. Esto se suele describir como la diferencia entre el «yo» y el «Yo». El «yo» es el ego aislado que se aferra a su pequeña realidad, mientras que el «Yo» es el espíritu ilimitado que puede permitirse no aferrarse a nada.

Desapego significa que vives desde el «Yo», en lugar de vivir desde el «yo».

La infancia es una época crítica para aprender lo que es el «Yo», porque éste es el período en el que el ego comienza a desarrollarse, y también todas sus necesidades y sus miedos. Cuando un niño sucumbe al ego, toda la ilusión de «yo, mío» se apodera de él, y le resultará doloroso y difícil liberarse de ella en la adultez. El ego debe ser atemperado con la noción de que «yo» no tiene que ser igual a ego; el sentido del «yo» puede ser el sentido de unidad con el campo de todas las posibilidades (esto se denomina el ego cósmico). Así pues, al enseñar desapego estás invitando a tus hijos a unirse a ti en la danza cósmica.

El desapego es la perspectiva que nos permite disfrutar del viaje de la vida. Ese disfrute es fundamental para alcanzar el éxito.

También sería bueno decir un poco más sobre el concepto de «participación desapegada»: lanzarte con total entusiasmo a cualquier cosa que hagas, pero sin pretender controlar el resultado. Tu responsabilidad está limitada a los actos que llevas a cabo; el resultado queda en manos del espíritu. En el caso de los niños pequeños, este concepto no es realmente aplicable, porque contiene una aparente paradoja. ¿Cómo puede una persona participar del todo y estar desapegada al mismo tiempo?

La respuesta sólo puede hallarse en el campo del Ser. Si te consideras alguien que se identifica con el espíritu, entonces, tus acciones individuales entran en un patrón más amplio. Al ser infinito, este patrón más amplio (podemos llamarlo el plan divino de Dios) está más allá de la concepción racional de cualquier persona. El desapego es la forma en que demostramos que le dejamos el plan más grande a Dios; la participación es la forma en que demostramos que deseamos tomar parte, ya que nada puede inspirar más pasión que ser co-creadores con Dios.

La sabiduría de la incertidumbre es un concepto que está estrechamente relacionado con esto. El ego le teme a la incertidumbre, pues quiere controlar la realidad, pero desde el punto de vista del desapego, un Universo que está constantemente transformándose y cambiando debe continuar siendo incierto. Si las cosas fueran seguras, no podría haber creatividad. Por lo tanto, el espíritu trabaja mediante sorpresas y resultados inesperados. Inicialmente, el amor divino de la incertidumbre parece contradecir la Ley del Karma, la cual dice que todo ocurre conforme a las leyes de causa y efecto. Pero el karma no es la realidad última; solamente es la mecánica de cómo funcionan las cosas en el mundo relativo. La realidad suprema es el despliegue de la creatividad divina. El Universo es fundamentalmente recreativo; existe para el juego divino. Cuanto más conscientes somos de esto, mayor capacidad tenemos de unirnos al juego y liberarnos de toda ansiedad sobre cómo saldrán las cosas. Alcanzamos la paz mental únicamente cuando aceptamos la sabiduría de la incertidumbre.

Si el Universo es incierto (como nos asegura el famoso principio de Heisenberg), entonces, todo es posible. Quizás nos sintamos emocionalmente cómodos con los resultados fijos, pero si todo fuera fijo eso sería la muerte. En términos espirituales, la muerte no es extinción, sino vida congelada, energía que ha sido forzada a permanecer en un espacio determinado, en lugar de fluir hacia su siguiente propósito en el plan de Dios.

Una visión completa de la vida debe incluir el darnos cuenta de que todas las cosas están destinadas a ocurrir, y nuestro rol es permanecer abiertos a la incertidumbre y la sorpresa.

Viernes con los niños

Las tres actividades para el viernes incluyen ver el mundo de una forma más desapegada: dándote cuenta de que «tu verdadero yo» es espiritual, aceptando que la incertidumbre es inevitable y no debe temerse, y manteniéndose en equilibrio frente a las pérdidas y las ganancias.

Estas lecciones apenas están comenzando: el desapego aumenta en todos los niveles cuando la vida espiritual madura. El altruismo y la compasión son la consecuencia natural de ser desapegados, al igual que el servicio a los demás. Reemplazar el orgullo con humildad es uno de los frutos del desapego, al igual que el estado al que Cristo llamó «estar en el mundo, pero no ser del mundo». Mi expresión favorita para el desapego es que te convierte en un ciudadano del Universo. Todas estas cosas están implícitas en las sencillas lecciones para hoy.

1. «El verdadero yo» es un tema fascinante a cualquier edad. Los niños ya sienten una atracción ancestral hacia las cosas sobrenaturales. Les contamos historias sobre Dios, el cielo y los ángeles prácticamente desde la cuna, y los cuentos de hadas crean un mundo similar que los niños aceptan como algo imaginario y, sin embargo, más real que el mundo que los rodea. Teniendo en cuenta esto, puedes hablar a tus hijos acerca del «Yo» en términos que puedan comprender.

Éste es el tipo de fábula, por ejemplo, que es adecuada para los niños más pequeños: «Todos tenemos un amigo invisible que vigila todo lo que hacemos. Tú tienes un amigo así y también lo tienen tus hermanos, al igual que mamá y papá. Dios te envió a tu amigo. Tu amigo no está en el cielo como los ángeles, sino que está aquí mismo, en tu corazón. ¿Sabes cuál es el nombre de tu amigo? Tiene el mismo nombre que tú, porque tu amigo es, en realidad, parte de ti. Cuando amas tus juguetes, o me amas a mí o cualquier otra cosa, tu amigo te ayuda a sentir ese amor. Por eso siempre debes asegurarte de prestar atención cada vez que te sientas triste o enojado. Cierra los ojos y pídele a tu amigo que te recuerde que todos te queremos mucho, de manera que siempre debes quererte a ti mismo. Tu amigo invisible está aquí para decirte eso, siempre».

El «Yo» es el alma de la persona, la cual observa todo lo que ocurre en este mundo con perfecta paz y alegría. Es la conexión que uno tiene con Dios y el cielo (si eliges utilizar esos términos) o con el campo de todas las posibilidades. Tu «Yo» nunca se siente herido o confundido; siempre te ama; siempre está cerca de ti. Los niños se sentirán tranquilos al escuchar estas cosas, aunque tardarán un largo tiempo en creerlas por completo.

Para identificarte plenamente con el «Yo» es necesario tener una larga experiencia con la meditación, ya que llegamos a conocerlo a través del silencio de la conciencia interior.

Gradualmente, empezamos a darnos cuenta de que el «Yo» no está sólo dentro de nosotros, sino que se extiende por toda la existencia. El «yo» pequeño no es capaz de comprender la infinita complejidad de la vida; por mucho que intentemos desesperadamente creer lo contrario, la realidad no está bajo el control del ego. El «Yo» organiza la realidad observando, facilitando, aceptando y, finalmente, uniéndose a la inteligencia cósmica que organiza toda la realidad hasta el más pequeño detalle.

2. Siempre hay un delicado equilibrio entre dar seguridad a los niños y enseñarles que la realidad puede ser muy insegura. Éste es un dilema al que se enfrentan todos los padres y normalmente lo hacen con ansiedad, temen equivocarse en un sentido o en el otro, ya sea inculcando una falsa seguridad en sus hijos o yendo demasiado lejos al advertirles de los peligros y los riesgos.

En un plano espiritual, tenemos que reconciliar estos valores opuestos para sentirnos seguros en un mundo cambiante e impredecible. La incertidumbre no va a desaparecer porque lo deseemos; por lo tanto, es sumamente importante que la aceptemos, que nos demos cuenta de que hay sabiduría en ella (la sabiduría de un Creador que quiere que la realidad siga siendo fresca, nueva, y que se mueva siempre hacia la realización).

¿Cómo le transmitimos esto a un niño? A los niños pequeños les encantan las sorpresas, y el viernes es el día para disfrutar plenamente sorprendiéndolos. Los regalos inesperados aportan alegría al que los da y al que los recibe, y no es necesario que tengan un motivo mejor que éste: «Sólo quería hacer algo distinto». Al fin y al cabo, ése es el único motivo que Dios necesita.

En el caso de los niños mayores, puede parecer que la incertidumbre representa un problema, ya que implica que hay un mundo cambiante con el que es difícil lidiar. Enseñar a tus hijos a soltar y disfrutar de los cambios a medida que van llegando es importante, como lo es enfrentar directamente la ansiedad oculta. En el caso de los niños de 5 años o más, es apropiado preguntarles si hay alguna nueva causa de miedo. Lo único que necesitas hacer es decir una frase simple como: «Sé que nunca habías hecho esto antes. ¿Te da un poco de miedo?».

En este día, también puedes recordarte que no tienes que actuar ante los niños como si lo supieras todo, como si ser adulto significara tener todas las respuestas. Éste es un tema sensible, porque la autoridad tranquiliza a los niños; por lo tanto, debes presentar tu incertidumbre en términos positivos. En lugar de decir, «No tengo la respuesta, enfatiza que existen muchas respuestas y que lo divertido de la vida es darte cuenta de todo lo que te queda por aprender, sin importar cuánto sepas hasta el momento.

3. A nadie le gusta perder cosas, en ningún sentido. Los niños se sienten afligidos ante la muerte de una mascota o la pérdida de un juguete al igual que los adultos ante la muerte de un amigo cercano o la pérdida de un empleo. Nuestra tristeza ante una pérdida se produce a causa de las expectativas: esperamos que poseer algo nos haga más felices, y no tenerlo nos hará más infelices. A pesar de las innumerables historias con moraleja que nos advierten de que con la riqueza no se puede comprar la felicidad, todos continuamos equiparando el dinero y las posesiones con el bienestar.

Puedes comenzar enseñando otro camino a tus hijos desde una edad muy temprana: a buscar la felicidad en su interior en lugar de buscarla en las cosas externas. Aquí es donde entra la lección de la pérdida y la ganancia. Tratar la pérdida en el plano material solamente no es satisfactorio para los niños. Decir, «No llores, te compraré otra muñeca», es tan ineficaz como decir lo contrario: «Es tu culpa por haberla perdido, así que no te compraré otra».

Ambas declaraciones dan por sentado que la muñeca es la fuente de la felicidad. Vas a tener que decidir si reemplazas o no lo que se ha perdido, pero lo más significativo es que la muñeca no es importante. Haz que tus hijos se sientan seguros y amados sin importar lo que alguien tenga o deje de tener. Así pues, una pérdida puede ser un motivo para reforzar la idea de que «tu verdadero yo» está bien pase lo que pase. Permite el duelo por la pérdida (no deberías impedir ninguna expresión emocional), pero ponlo en perspectiva: «Sé que te sientes mal ahora, pero es sólo una cosa, y estás aquí por razones mucho más importantes que las cosas que tienes o dejas de tener».

¿Cuáles son esas razones? En situaciones difíciles, después de que las emociones han pasado, puedes decir algo así:

«Estás aquí para ser especial, porque eres especial».
«Estás aquí para descubrir todo tipo de cosas».
«Estás aquí para que mamá y papá te quieran y te cuiden».
«Estás aquí para hacerte feliz a ti mismo de muchas formas».

Cada afirmación contiene la idea de que «Yo» soy único, creativo, amado, y la pérdida no me hará daño. Llorar por una muñeca perdida no es lo mismo que perder una parte de ti, pero te sorprendería saber cuántos niños no se dan cuenta de esta simple verdad porque sus padres no se lo recuerdan.

De esta manera, todo el asunto de la pérdida y la ganancia es tratado simultáneamente. Muchísimas personas crecen creyendo que sus problemas se resolverán en cuanto tengan suficiente de algo (dinero, fama, estatus, etc.), pero las pérdidas y las ganancias siempre llegan en ciclos. En última instancia, esto se aplica a la vida y a la muerte, que siempre se están persiguiendo la una a la otra en el ciclo de nacimiento y renacimiento.

El desapego es la cualidad que permite que una persona no se vea afectada ni por la pérdida ni por la ganancia. Ninguna de las dos cosas afecta al «Yo» porque éste está completo. Siempre recibe suficiente amor y felicidad de su fuente para sentirse satisfecho. Enseña esto a tus hijos, concentrándote constantemente en el hecho de que esa fuente de amor y felicidad está siempre disponible. El viaje espiritual es un descubrimiento de cuánto más estable es el «Yo» que el «yo».

*Desapego significa apasionarte por tu trabajo,
pero no por los resultados.*

*Cualquier nombre o etiqueta con la que te identifiques
es falsa: tu verdadero «yo» es ilimitado, no tiene nombres
y está más allá de cualquier etiqueta.*

*Confiar en ti, no en tus logros, es la clave
del éxito.*

*Ponte en manos del Universo y
no tendrás necesidad de controlar nada.*

*La aceptación de uno mismo conduce al éxito,
no al revés.*

Sábado

es el día del Dharma

Hoy les decimos a nuestros hijos:
«Estáis aquí por una razón».

El sábado acordamos como padres hacer lo siguiente con nuestros hijos:

1. Preguntarle a cada uno de ellos: «¿Dónde estás en este momento?».

2. Fomentar sus talentos y habilidades únicos.

3. Invitarlos a realizar un acto de servicio.

Dharma es una palabra del sánscrito que significa varias cosas: deber, propósito y ley. En cierto sentido, el día del dharma es el día de la ley, el cumplimiento de una semana entera dedicada a las leyes espirituales. En este día reflexionamos acerca de cuán bien hemos seguido las leyes espirituales, cuán sintonizada está realmente nuestra existencia con la armonía del Universo.

Hoy les recordamos a nuestros hijos: «Estás aquí por una razón». Las leyes espirituales existen para servirnos de la misma manera que nosotros las servimos a ellas. Nos sirven al mostrarnos que la felicidad duradera y la realización son posibles; de hecho, son inevitables. Hay un propósito oculto en cada hecho, cada acción, cada pensamiento. El objetivo más elevado en la vida es hallar ese propósito y vivir de acuerdo con él.

En este día medimos nuestro éxito según cuán plena ha sido la semana, cuánta tranquilidad y cuántas oportunidades nos ha brindado, y qué nuevas inspiraciones y percepciones han llegado a nosotros. Después reflejamos estas cosas en nuestros hijos. La creencia de que la vida es injusta parece ser válida solamente porque experimentamos el comportamiento poco amoroso de otras personas, las cuales no siempre comparten los altos niveles de conciencia que el espíritu está tratando de inspirar.

El propósito se activa únicamente cuando hay receptividad. La conciencia es la clave para alcanzar lo que el Universo ha planeado para ti.

En la familia, puedes reforzar la idea de que la vida es justa. El dharma asegura esto mediante la fuerza de las leyes espirituales. Decir que la vida es injusta es insinuar que es azar, que no tiene sentido, que es caprichosa y peligrosa. En otras palabras, que no tiene leyes espirituales. Entonces, en este día, puedes contrarrestar todas esas impresiones mostrando cuán justa es, en realidad, la vida, y lo que hace que lo sea es el hecho de que se nos concede el libre albedrío para expresarnos con cada gramo del poder creativo que tenemos a nuestra disposición.

Sábado con los niños

Las tres actividades para el sábado se centran en el propósito de la vida tal como se está desarrollando para un niño. Preguntarle a tu hijo: «¿Dónde estás en este momento?» fomenta su unicidad y lo invita a realizar un acto de servicio.

1. La pregunta «¿Dónde estás?» es tu forma de explorar las ideas propias de tus hijos acerca de su propósito y su progreso. El dharma de una persona es su camino, el cual se traduce en varios componentes:

Hacia dónde creo que estoy yendo: ésta es mi visión.
Cómo planeo llegar ahí: éste es mi trabajo en el camino.
Cuán lejos creo que he llegado: éste es mi nivel de conciencia.

Lo que creo que me impide avanzar: éste es mi desafío o lección en la actualidad.

Para estar completo, el dharma debe contener todos estos ingredientes. Una visión sin un medio para recorrer el camino es sólo una fantasía. El trabajo duro y el éxito sin una visión equivalen a derramar el talento en la arena. No todos estos componentes tienen que ser verbalizados cada día; una visión, por ejemplo, suele ser más fuerte al comienzo, dando paso luego al trabajo y los obstáculos que surgen para que la visión se haga realidad.

Aun así, es bueno que tus hijos aprendan a ser conscientes de su camino. Los más pequeños tienen un propósito instintivo: ser felices. Pero, en cuanto un niño tiene la edad suficiente para establecer metas (después de los 5 o 6 años), es necesario medir el progreso hacia la meta. «¿Dónde estás? ¿Cómo están yendo las cosas? ¿Te estás acercando a lo que quieres lograr? Si no es así, ¿por qué?». Teniendo en mente estas preguntas, los padres pueden empezar a animar a su hijo a que sienta una conexión íntima con el propósito de su vida día tras día.

También puedes profundizar en este tema preguntando: «¿Dónde estamos como familia?». Muchas familias sentirían rechazo ante la idea de hacer una pregunta como ésa, porque no tienen la apertura, la intimidad y la confianza suficientes para que las respuestas puedan ser expresadas con sinceridad. O, tal vez, porque los padres están demasiado apegados al hecho de aparentar tener todas las respuestas.

Debes enseñar a tus hijos desde una edad muy temprana que está bien expresar lo que sienten acerca de los asuntos familiares. Lo mismo vale para decir sinceramente si sus deseos personales no se están haciendo realidad. Muchos deseos no se cumplen, al menos no de forma inmediata; la desilusión, el desánimo y la frustración son realidades espirituales de las que los niños no deben esconderse.

Ningún camino está libre de obstáculos y, aunque un obstáculo pueda parecer negativo en el nivel emocional, la Ley del Dharma nos dice que en cada obstáculo se oculta algún bien. El dharma es la ley universal; nos sostiene donde debemos estar. Entonces, la respuesta suprema a la pregunta de «¿Dónde estás ahora» es: «Justo donde necesito estar».

Dar esa respuesta implica una gran seguridad, y ésa es la seguridad que tienes que reforzar en tus hijos. Como personas, carecemos de la visión para ver a la vuelta de cada esquina en la carretera; no es la función de la Naturaleza abrir todo el panorama, ya que la sorpresa y la incertidumbre forman parte del plan divino.

Ciertamente, los niños se frustran con facilidad cuando las cosas no salen del todo bien. Ser pacientes y estar en paz con la idea de que cada persona está exactamente donde debe estar es un proceso que dura toda una vida.

2. Hacer que un niño se sienta único significa hacer que se sienta *querido* de una forma única. Tener un talento es una cosa; sentir que el Universo lo aprecia es otra. El hecho de ser único y no tener amor es inhóspito y no es muy distinto a la soledad. Hoy puedes sentarte y elaborar una lista de los talentos de cada uno de tus hijos, haciendo que ellos participen, con la finalidad de reforzar la idea de que los talentos nos son dados por el espíritu para nuestra felicidad y realización.

3. Invita a cada uno de tus hijos a hacer algo amable por otra persona, por muy pequeño que sea el gesto. Recoger la basura que encuentran durante una caminata, abrir la puerta a una persona mayor, ayudar a sus hermanos pequeños a ordenar su habitación: estas cosas son tan valiosas como las obras de caridad. Lo que queremos enseñar es el significado del gesto. Ayudar a otra persona hace que te sientas bien de una forma distinta a cuando haces algo por ti. Ésta es la esencia de lo que quieres transmitir, no sólo que el servicio es loable o hace que una persona se vea bien ante los ojos de los demás (ése es, con demasiada frecuencia, el motivo para los adultos).

El servicio a los demás encaja muy bien con la idea de que la unicidad está en todas partes. Cuando sirves a los demás, tienes la oportunidad de apreciar su valía; el servicio expresa este aprecio de una forma directa. Hacer que un niño haga cosas para su hermano, o para sus amigos, produce un sentido de lo especial que es ese amigo, ese hermano. De esta forma, la cualidad de especial es aceptada como algo que todo el mundo posee.

Cuando sirves a los demás, recuerdas tu deber como hijo amoroso del Todopoderoso. *Deber* es sinónimo de *dharma*, y la palabra abarca el deber para con la sociedad, para con uno mismo y para con Dios. Tu deber con la sociedad es servir a los demás; tu deber para ti mismo es desplegar la espiritualidad; tu deber para con Dios es participar en el plan divino para la evolución más elevada de la humanidad.

Como padres, no estamos enseñando a nuestros hijos unas reglas estrictas que deben seguirse. Estamos invitándolos a nuestro propio viaje, a nuestro sentido de propósito, que nunca se acaba. Es un viaje de significado en constante expansión.

Aunque es posible que los niños muy pequeños no sean capaces de entender lo que esto significa en palabras, tu hijo puede percibir fácilmente si encuentras que la vida es emocionante y maravillosa. Tu sentido de propósito en el Universo dice mucho más que las palabras.

Reflexiones sobre
la Ley del Dharma

Una vida de propósito revela el propósito de la vida.

No puedes equivocarte nunca sobre el destino.
Tanto si tienes éxito como si no,
has demostrado tener la razón.

El Universo tiene un propósito: la realización
de la creatividad y la felicidad humanas.

No juzgues tu vida. Cada vida es un paso hacia
la unidad con Dios.

No te esfuerces por averiguar por qué
estás aquí; sólo observa con atención.

<h1 style="text-align:center">Conclusión</h1>

La única cosa de la que no puedes prescindir

Como padres, ¿cuál es la única cosa de la que no podemos prescindir? La mayoría de las personas diría que del amor, lo cual es correcto, pero debemos hacernos una pregunta más profunda: «¿De dónde proviene el amor?». El vínculo del amor, por sí solo, no es suficiente, porque se desgasta y en ocasiones se rompe. Todos criamos a nuestros hijos de acuerdo con eso que llamamos amor, pero los jóvenes, en la actualidad, siguen teniendo serios problemas.

La única cosa más profunda que el amor de la que no puedes prescindir es la *inocencia*. Ésta es la fuente del amor. La inocencia, tal como la estoy definiendo aquí, no es ingenuidad, sino más bien lo contrario: es apertura. Se basa en un profundo conocimiento espiritual de varios temas sumamente importantes.

Inocencia es el conocimiento de que puedes guiar a tus hijos, pero jamás controlarlos. Debes permanecer abierto a la persona que hay dentro de cada niño, a la persona que está destinada a ser distinta a ti. En la inocencia, este hecho puede ser aceptado con un corazón sereno.

Inocencia es el conocimiento de que en la vida nunca hay certeza. Está garantizado que los niños pequeños irán en direcciones que no puedes predecir, para hacer cosas que jamás harías. La incertidumbre es un hecho, porque la vida no es más que cambio. En la inocencia puedes aceptar esto: soltarás tu necesidad de hacer que tus hijos se amolden a tus ideas preconcebidas.

Inocencia es el conocimiento de que el amor es más profundo que los hechos que se ven en la superficie. En la superficie, la trayectoria de un niño es errática y difícil. Todos queremos enseñar a nuestros hijos las lecciones que nos resultaron más difíciles de aprender; queremos protegerlos del dolor innecesario. Pero en la inocencia nos damos cuenta de que la superficie de la vida es una distracción del viaje más profundo que debemos realizar. Éste es el viaje del desarrollo del alma. El desarrollo del alma ocurre bajo la atenta mirada del espíritu. Podemos ayudarlos a darse cuenta de la importancia esencial que tienen sus almas, pero no somos responsables de su viaje. Ése es un acuerdo único entre cada persona y su «Yo Superior».

Si tomáramos todos estos puntos y los pusiéramos en una sola frase, sería así: *Inocencia es el conocimiento de que tu hijo es tuyo y, sin embargo, no lo es.* Todo el mundo es fundamentalmente hijo del espíritu. Todos crecimos perteneciendo a una familia, pero ése es un tipo de pertenencia muy poco preciso. Nos pertenecemos a nosotros mismos, lo cual significa a nuestro espíritu o alma o esencia.

Por lo tanto, contemplar a un niño con verdadero amor significa reconocer la chispa de lo divino que hay en él. Es fácil decir que cada niño es único y valioso, pero lo que realmente hace que eso sea verdad es la inocencia, ser capaces de ver a un niño como un alma que se ha embarcado en el viaje del desarrollo del alma. Esto significa renunciar a algunos patrones sobre la crianza que están profundamente arraigados en nuestra sociedad.

Los padres estamos acostumbrados a ser figuras de autoridad y, como tales, estamos por encima de nuestros hijos: somos más inteligentes, más poderosos, tenemos más experiencia y controlamos el dinero y los bienes. Desde esta posición de autoridad, podemos juzgar, infligir castigos y establecer reglas sobre lo que está bien y lo que está mal, y hacerlo con un claro sentido de deber y de propósito.

Pero este libro ha descrito un deber y un propósito distintos. En esta nueva visión, los padres no son una autoridad. Tu hijo y tú sois almas; ambos os habéis embarcado en el viaje del desarrollo del alma. La única diferencia son los roles que habéis elegido. Todas las almas son inmortales: no pueden ser creadas o destruidas, pero sí podemos escoger los papeles temporales que deseamos representar.

Lo mejor que puedes hacer en el plano espiritual es desempeñar tu rol de padre con absoluto amor, convicción y propósito. El motivo por el cual aceptaste el rol de padre fue fundamentalmente egoísta, en el mejor sentido espiritual. Éste es un rol que te animará y te inspirará más que cualquier otro. Lo mismo se aplica a tu hijo. Al ser un espíritu omnisciente e inmortal, ha decidido ser un niño débil y vulnerable, totalmente dependiente de tu ayuda. Éste es el papel que desempeña con total convicción y dedicación. Y, sin embargo, ambos, si dejáis de interpretar esos papeles, sois almas puras, iguales, como si fuera una. La inocencia te permite ver esto, e interpretar el papel, pero ir más allá.

Algunas personas podrían argumentar en contra de esta idea, pero creo que todos los padres han experimentado momentos en los que la mirada en los ojos de sus hijos les ha contado una historia de sabiduría infinita, de experiencias que van mucho más allá de ese momento en particular en el tiempo y el espacio. A mí me ha ocurrido con mis propios hijos. Los he acostado, les he leído cuentos, he jugado a la pelota con ellos y he sido un orgulloso espectador de sus actuaciones de baile. Mientras hacía esto, yo era el padre y ellos eran mis niños.

Pero ha habido otros momentos, más escasos, en los que toda la apariencia se ha desmoronado. He visto a mi hijo lanzarme una mirada que decía: «Ya estamos de nuevo. Qué juego tan interesante estamos jugando esta vez». He visto a mi hija sonreír de tal manera que he sido consciente de que estaba a punto de reírse a carcajadas de las máscaras que hemos utilizado para mantener vivos nuestros roles.

En esas valiosas miradas y sonrisas, he percibido el vínculo de la inocencia, que es más poderosa que el amor, porque lo transciende. En lugar de estar aquí como una unidad con sus propios triunfos y fracasos privados, cada familia es una comunión de almas. Lo que tenemos en común no es dónde vivimos, a qué colegios vamos o cómo nos ganamos la vida. Navegamos en los mares de la inmortalidad juntos: ése es el verdadero vínculo. Cuando puedes ver más allá de la interpretación de papeles y, aun así, representar tu papel con amor y dedicación, entonces, creo que eres verdaderamente espiritual en tu enfoque de la crianza de los hijos.

Por último, las Siete Leyes Espirituales son sólo maneras de hacer que esto ocurra. Nos recuerdan cómo hacer que la inocencia siga fluyendo. Hay muchas cosas en este mundo que pueden destruir la inocencia y muy pocas cosas muy valiosas que propician que continúe fluyendo. Yo no considero que las leyes espirituales sean algo opcional: así es como funciona el Universo desde el Ser puro, no manifestado, hasta la infinita variedad del mundo creado. Si vives en sintonía con las leyes espirituales, estarás en armonía con la inteligencia ilimitada del Ser. Por lo tanto, lo que enseñamos a nuestros hijos como padres no es distinto de lo que debemos continuar enseñándonos a nosotros mismos.

Haz que la inocencia siga fluyendo. Todo depende de eso.

Agradecimientos

Mi más profundo agradecimiento a mi familia, que siempre me ha apoyado y me ha enseñado el verdadero significado del éxito; a mi personal de apoyo en The Chopra Center for Well Being en La Jolla (California), y en Infinite Possibilities (Massachusetts). También quiero dar las gracias a mi extensa familia en Harmony (especialmente a Peter Guzzardi, Patty Eddy, Tina Constable y Chip Gibson); y, por último, como siempre, a Muriel Nellis, la madrina de todos mis proyectos literarios.

Acerca del autor

Muchos libros de Deepak Chopra se han convertido en éxitos de ventas internacionales y en textos clásicos sobre la salud y la espiritualidad. El Dr. Chopra es el fundador de The Chopra Center for Well Being en Carlsbad (California). Para saber más sobre el autor, visita su página web: www.chopra.com

Índice